新・人間関係のルール

辛酸なめ子

光文社新書

まえがき

『新・人間関係のルール』なんて偉そうなタイトルで恐れ入ります。人間関係は人生の問題の多くを占めていて、ストレスの原因になったり、時には生きる活力の源泉になったりします。

前回、光文社新書で『大人のコミュニケーション術』という本を執筆いたしまして、コミュ力が不足している私でも、なんとかやっていけるということで、読者の方々に少し希望を感じていただけたかもしれません。今回は、自分としては少し難易度の高いコミュニケーションの体験や気付きについて書かせていただきました。

例えば、日常の中でのアパレル店員さんのセールストークへの対応やタクシー運転手さんとのやりとり。同窓会でのアウェイ感や異業種交流会での危険。テンションの高さを強要される飲み会や、負のワードがうずまく大人の女子会、政治家の卓越したコミュ力について、

ＤＮＡ検査で親戚探し、など……。また自分でも悩んでいた、洗脳力が強い人や、炎上についても、心の持ち方や解決策について考えてみました。

執筆している間、実感したのは、人間関係はその時の自分の状態を表す、ということです。例えば運気が下がり気味で自分の自信も低下していた時期は、友人の関係する異業種交流会に参加したら、近付いてきた人がほぼマルチ商法系の人で、後日勧誘されてしまいました。バイオリズムが下がっている時は下がっている時なりに、このような珍しい体験ができて、今思えば勉強になりました。反対に調子が良い時に、集まってくる人に対して無防備に対応するのも、あとあと利用されたりして危険です。自分の軸がしっかりしていれば、良い時もいまいちな時も、人間関係に振り回されることはありません。

この本の執筆中、世界を激変させるパンデミックが発生し、人間関係にも新しいルールが生まれつつあります。リモートワークやオンライン飲み会、そしてマスクでの対面など。人間には適応力があるので、最初不便に感じていたことにも、少しずつ慣れて、マスクのまま人と知り合って全顔を知らないまま別れるとか、リモートで実際には会わないまま、という風習も受け入れられつつあります。

人間関係のルールは決まりきったものではなく、常にアップグレードしていくものだと体感しました。また平和な時代に戻って人間関係にポジティブな変化が訪れることを願っています。

新・人間関係のルール

目次

その1

人間関係の
テクニック

あいづち力の極意

人間関係の潤滑油

人間関係を円滑にする「あいづち」。

無意識のうちに打っていますが、意識的に行うと、人の気持ちを動かしたり、仕事で良い結果につながったりするようです。

自分のあいづちの癖は、脳内で再現すると、「へぇ～」「はぁ～」「はいはい」「なるほど」「あ～、はい」「そうですか」などを繰り返して使っています。もう一人誰かいればあいづちは半減しますが、できるだけ相手に気分良く話してもらえれば、という思いがあり、多めに打っています。

日本人は気を使って、逐一あいづちを打ってくれる人が多いような気がしますが、以前ニューヨークにグループ展のために行った時、アメリカ人相手に話をしている間、誰もあいづちを打ってくれなかったのがカルチャーショックでした。単に私の英語が通じていなかったという説もありますが……。自分の作品についてニューヨークの学生さん数人に説明したのですが、一切反応がなく、心が折れそうになりました。

あいづちは、肯定、是認でもあるので、打たれた方は嬉しくて相手への好感が芽生えます。意識的にトレーニングをすることで、さらに人間関係が円滑になるのでしょう。

「良いあいづち」と意外な語源

前に「日本あいづち協会」のセミナーに行ったことがあります。あいづちにも協会がある、というのも驚きでしたが、参加者はまじめそうな社会人が多い印象で、背筋が伸びました。協会の理事長の男性が講師になって、あいづちの大切さをレクチャー。

「話し下手で悩んでいる人が多いですが、対話の視点の転換をして、話す方ではなく聞く方に焦点を当てましょう。聞く時のあいづちを重視します。まずは簡単な『はい』から……。あいづちを打たれている方は気分が良くなります。是認のあいづちは双方にオキシトシンを発生させます」

幸せホルモンと呼ばれるオキシトシン。ストレスが緩和したり、心身に良い影響を及ぼすフェロモンがあいづちで分泌するとは……。積極的に打っていきたいです。
「あいづちは会話の相棒、打ち出の小槌です。カーネギーも『人を動かす』という本の中で、人に好かれるための具体的方法を書いています。カーネギー理論の根幹『誠実に、ほめること』。それにより相手の自己重要感を満たし、好意を持たれ、人を動かすことができます」

ただ、日本人はベタぼめされると逆に警戒心を抱きがちで、そんな時に生きてくるのが「良いあいづち」だとのことでした。あいづちという言葉は英語に該当する単語がなく、日本で発展した会話のテクニック。アメリカ人があいづちを打たなかったのも、習慣がないからで、無視しているからではなかったんですね。長年のもやもやが晴れました。

ちなみにあいづちの語源は、鍛冶で刀匠《とうしよう》が刀を鍛える時に、師匠と弟子で向かい合って交互に槌を打つ、その時に相手が打ちやすいように刀を整えながら槌を打つことから「あいづち」という言葉になったそうです。美しい師弟関係から生まれた言葉のようです。そんな豆知識もインプット。

とにかく、出世したり人間関係を円滑にするにはあいづちがマストです。ほめ言葉よりも有効だと講師の先生はおっしゃいました。

大切な「さしすせそ」と「あいうえお」

セミナーでは、具体的なあいづちとして「評価のあいづち」の「さしすせそ」、「関係を深めるあいづち」の「あいうえお」を教えていただきました。

「さしすせそ」は「さすが」「知らなかった」「すごい」「センスが良い」「そうですか」。「そ」は同意のあいづちが多くて「そうですね」「そうですよね」「そのとおりです」「そうなんですね」など、肯定感にあふれています。

「さしすせそ」のあいづち、キャバクラの接客業とかにも使えそうです。

いっぽうで、イントネーションだったりテンション次第では、嘘っぽく聞こえてしまう危険も。現に私もこれまで何度も「すごいですね！」「さすが！」とか言っていたのに、「全然気持ちがこもってない」と突っ込まれてドキッとした記憶があります。わりと無表情だったからでしょうか。感情表現が豊かな人向けのあいづちかもしれません。

続いて「あいうえお」ですが、てっきり、「あぁ？」「いい」「う～」「え？」「おぉ」という、プリミティブなリアクションかと思いました。心を許した相手にだけ打てるあいづちです。

しかし、先生の説明によると「ありがたいです」（と、感謝を伝える）、「いえいえ」（二重否定で相手を肯定）、「運、持ってますね」（と目上の人を立てる）、「縁ですね」（日本人の心に響く言葉）、「恩に着ます」（相手をずっと敬っている気持ちをアピール）と、想像を超える高度なあいづちでした。自分のコミュニケーション力の低さを実感。「恩に着ます！」なんて打つ場面が思い浮かびません。これらのあいづちを打てる場面は、それなりの地位がないと訪れなさそうです。

あいづちの注意点として、相手の発言に対し即あいづちを打つと、ただ機械的に打っていると思われてしまうので、１秒くらい間を空けるのが重要だそうです。これもやりがちでした。

最後に隣の席の知らない男性と、自分の長所をアピールしてあいづちを打ってもらい合う、という難易度の高いワークが行われました。

知らないおじさんの仕事の業績や、炭水化物抜きの話に「さすがですね！」「すごいですね！」と連発していたら、最後のシェアタイムで「話を聞いてもらっている、わかってもらっている様子が伝わり、嬉しい」「良好に近付いていく印象を持ちました」という感想をいただきました。プライドの高い男性には「さしすせそ」の「自尊心を満たす」あいづちはやっぱり効果があるようです。いっぽう女性はどちらかというと、「そうですよね」「本当ですね」と「共感のあいづち」が嬉しいということに気付かされました。

その後、参加者同士の交流タイムとなったので、逃げるように立ち去りました。あいづち以前のコミュニケーション力不足を反省。

セミナーであいづちについて学んだことはいろいろ勉強になりましたが、それ以降、自分のあいづちに何か変化はあったかというと、今まで通りかもしれません。

その人の個性が現れるあいづち

やはり意識しない自然なあいづちは、人それぞれで興味深いです。

例えば、最近のケースを挙げてみます。

20代の調子に乗り気味なクリエイター男子のあいづち

「ふんふんふんふんふんふん……おもろ」

わりと謙虚な20代漫画家男子のあいづち

「へぇ～、はいはい、はあはあ、ほ～っ、は～なるほど～」

東大出身者の省エネあいづち

「うんうん」を短く数十秒ごとに

ベテラン編集者のあいづち

「本当ですね！」と、肯定１２０％で相手を良い気分にさせる

新聞記者のあいづち

「なるほどですね！」と、「なるほど」をやや強引に丁寧語に

バブル世代の女性のエモーショナルなあいづち
「ミラクルだね！　まさに！」とテンションを高める

世代、性別、性格……その人の個性が現れるあいづち。
これからも実際の会話よりも注目していきたいです。

このたびの教訓

あいづちを極めれば、話を聞いているだけでラクに好感度アップ。

今までで嬉しかった
あいづちは・・・
この前取材した○○は
△△ですよね
本当ですね！
相手を立てつつ肯定
仕事ができる感じがします
逆にイラっとしたのは・・・
気付いたんですが○△ですよね
そうですよね
と、自分が先に
知ってた感を
出したあいづち
もしくは・・・
あるあるですね！
と、人のアイディアなどを一言で
ありがちだと決めつける・・・・・
あいづちの恨みはバカにできません

傾聴術の極意

質問に答えない会話のゲーム

以前、あるヨガ教室の体験に行った時に、ウォームアップとして二人組になって質問し合うというプログラムがありました。

それも、ただの受け答えではなく、題して「質問に答えないゲーム」。

「今日はどこから来ましたか?」「ダイヤモンド」

「お昼は何を食べましたか?」「3時間半です」

というふうに、相手の質問と全然違う答えを言う、というもの。そうすることで「気付き」があるそうです。

私はこの機会に、初対面の女性を相手に、普段、面と向かって人には聞けない質問を次々繰り出しました。

「今日何回トイレに行きましたか？」「ネックレス」
「体重は何キロ？」「レストラン」
「貯金はいくらですか？」「電子レンジ」

えげつない私の質問に対し、微妙な表情を浮かべながら質問と無関係な答えを発する女性。何か気付きがあったかといえば、自分の人格的な問題かもしれません。共感性の低さ、優しさの足りなさなどを痛感しました。

時々、有名人にインタビューをさせていただく機会がありますが、自分のしどろもどろぶりに毎回不甲斐なさを感じています。

出だしは相手をホメるようにしているのですが、感情表現が乏しいので相手に本心だと伝わらず……。緊張から挙動不審気味で語尾も「○○だったという……？」とはっきりしないので、相手が憐れんで、たくさん話をしてくださるという、そんな博愛精神に頼り切っていました。

しかし、いい大人になってこのままではまずい、と思っていたら、仕事で臨床心理学を学ぶ機会に恵まれました。

傾聴のテクニックを学ぶ

受講したのは聖徳大学の通信制のスクーリング。瀬戸山先生という、元大企業のＯＬだった知的な女性が講師として教えてくださいました。

「『臨床心理学』とは心理学の一分野で、『心の問題や葛藤を抱えた人を心理学的アプローチで手助けする実践学』です」

その中で「傾聴」というテクニックを教えていただいたのですが、今後仕事などで人の話を聞くのにも役立ちそうな内容でした。

「『傾聴』は英語だと『Active listening』。相手が聞いてほしいと思うことを聞く。心、気持ちを聞く、という意味です」

「人の話を聞くのは難しくて、決めつけたり、ジャッジしたり、価値観の押し付けや指示的な内容になったり、詰問調になってしまうと、相手は心を閉ざしてしまいます」

いっぽう、ここで教わった「傾聴」のテクニックは、「うなずいたり、あいづちを打ったりする」「相手の言葉を繰り返す」「自分の言葉に言い換えて確認する」「相手の感情を言語化して明らかにする」「相手の話を要約して確認する」「共感する」「『具体的には？』『いつ?』など、開かれた質問をするように心がけて話を促す」「批判しないで聞く」「相手が言い終わるまで遮らずに聞く」「お説教やアドバイスは言わない」というもの。

一気にすべてをやるのは初心者には難しいですが、人と会う前にこの項目を頭に入れておくだけで感触が変わりそうです。気が焦ってつい相手の言葉を遮ってしまいがちなので反省。

ちなみに、「傾聴」の時にNGなのは「背もたれにもたれる」「顎を上げる」「足を組む」行為。全身で相手を立てるような謙虚な姿勢がマストです。

ポイントは、基本「全肯定」

生徒何人かでグループになって「傾聴」の体験演習もありました。

テーマは失敗談。

生徒さん同士の対話を傍らで見学すると、今まで学んできただけあって聞き方が親身で心を開かせるのがうまいです。

「前髪を切りすぎたんです」という些細な話題に対しても、「どのくらい切ったんですか?」と興味を持っている感じで質問したり、「ショックで数日間家から出たくなくて……」と言われた時には「ショックだったんですね」と繰り返したり、時には一緒に笑ったりして相手の心を和らげていました。

別の方の会話では、自動車教習所で「『MTがマニュアル車でATがオートマ車』というところを、なぜか『アニマル車』と言い間違えた」というエピソードに対し、「うんうん」と前傾姿勢であいづちを打ったり、バカにするのではなく温かく笑ったり、「でもわからないですよね～」と共感したりしていました。

私の失敗談も生徒さんに聞いていただいたのですが、最近、道で派手に転んで肘と膝から流血し、血まみれになったという話に対し、「えーっ、大変でしたね」「それは痛いですよ」と痛そうな表情でリアクションしてくださって心が癒されました。

うなずくタイミングも完璧です。さすが心理学のプロになろうとしている方々……と参考にさせていただきました。

一見どうでもいい話でも、それを出さずに熱心に体を傾けて聞きつつ、表情豊かに受け答えて、基本全肯定、というのがポイントのようです。

セレブ相手に試してみると

学んだ「傾聴」を実際にセレブの取材の時に心がけてみました。

「はいはい」と、息の含有を多めに真摯なあいづちを打ちつつ、常に前傾姿勢で熱心さをアピール。今までは恥ずかしくて目をそらし気味だったのですが、目を見て相手をホメるようにしました。

「傾聴」という型を学んだことで、そのモードに切り替えることでちょっと違う人格になれたようです。

「衣装はショートパンツで」「ショートパンツなんですね」などと繰り返し、画面に映っていないところで努力していた話に対しては、「それは大変でしたね」と心情に寄り添い、「そうなんですね」「そうだったんですね」と相手を肯定するあいづちを打ちまくりました。

すると、相手の方が「この話は今までインタビューで言ったことなかったんですが……」「これは初めて話すんですが……」と、秘密を打ち明けるようなエピソードを次々披露してくださいました。

傾聴に助けられた一時間。

臨床心理学の効果を実感しました、と、自己満足的に成功の余韻に浸ってしまいましたが、そのセレブもプロなので、人の心をつかむテクニックに長《た》けていたという説が。

「ここだけの話ですが……」とか言われると相手も感動して好意を持たずにはいられないです。会話とは「聞く力」と「話す力」のバトルなのかもしれません。

このたびの教訓

相手を全肯定して話を聞く「傾聴」は精神的にもラクなので、会話に余裕が生まれます。

真剣に相手の話を聞く「傾聴」
最近会社で怖いことがあって……
前傾姿勢で
それは大変ですね 何があったんですか？
夜、子どもの霊が出たんです
基本、共感
怖すぎですね
元は病院だったんです
病院ですか……
相手の言葉を繰り返す
結構省エネになる話術だと気付きました
しかも繰り返している間、次の質問を考えられます
じゃあ地下は霊安室とか……
はい
心理学だけに使うのはもったいないテクニックです

炎上への対処法

心の余裕がない現代人

「あなたたちの中で罪を犯したことのない者が、まず、この女に石を投げなさい」

というヨハネによる福音書第8章の一節がこのところ心をよぎります。

芸能人の不倫に厳しすぎる世の中。たしかに恋愛の快楽に溺れて周りの人を傷つけたということはモラル的によろしくないですが、こんなに誰も彼もが叩きまくる風潮に恐怖を覚えました。当事者の親友やCMのクライアント関係とかならまだわかりますが、夫婦の問題に1ミリも関係ない人ばかりです。

税金が上がり、疫病が流行り、不安だらけの世の中で人々の心の余裕がなくなっているようです。不安な状態だと人間の攻撃性が増すと聞いたことがあります。また、芸能人のように見た目が良くてリア充っぽくて、多額の収入を得ている人々へのルサンチマンもあると思います。

人間は他人の不幸で喜ぶ生き物？

中野信子氏も「シャーデンフロイデ」について本を書かれていますが、他人が不幸になったり堕《お》ちていく様を眺めて快感を得る、という人間の感情があるそうです。脳科学者、池谷裕二氏の著書にも「人間は他人の不幸で報酬系が活動し、脳が喜ぶ」と、ありました。人間の業の深さを感じます。

不倫やドラッグだけでなく、ちょっとしたことでも炎上する昨今。炎上しがちな辻希美《のぞみ》さんが、いちご狩りでいちごに練乳をかけただけで叩かれた時は戦慄を覚えました。メディアに出ている知人は、誰が見ているかわからないので信号無視は絶対しないと語っていました。そのくらい一挙手一投足に気をつけないとならない昨今です。

ちなみに以前、江戸時代についての本を読んでいて、炎上の元祖というべき風習を発見しました。江戸時代、火事が発生すると野次馬が集まるだけでなく、火事見物の人を目当てに蕎麦屋の出店まで出たそうです。

現代の火事見物はネットという場に移動し、江戸の人々が蕎麦を食べながら見物したように、食事中にネットで炎上ネタをチェックしてメシウマとか言っている現代人の姿が浮かびます。安全な場所から堕ちていくセレブを見物していると、歪んだ勝利の快感を得ることができます。自分もつい芸能ゴシップを楽しみに見てしまうので、そんな因果な行為についてとやかく言えません。

炎上する側になると……

ただ、炎上する側になったら事態は一変します。余裕だった日常が、道ゆく人まで誰もが自分を責めているようなイバラの道に……。

私はエゴサーチをしないので積極的に炎上を見つけることはないのですが、ツイッターなどで批判やお叱りのメッセージを送られることがあり、その時は数時間くらい落ち込みます。自分の不用意な発言や、言葉足らずだったことが招いたこととはいえ、知らない人から突然敵意を向けられたり叱責されるのは心にこたえます。世界がグレーがかって見えます。

先日もメーガン妃について意見を書いたら、知らない人に怒られました。さかのぼると結構セクハラ的な発言をしてきた人で（子宮が疼《うず》いたんですか。とか）、こちらもいろいろ反論したい思いがあったのですが飲み込み、当該ツイートを消しました。

また同じ頃、私がハワイに行ったことを書いたら気に入らなかったのか、別の人にディスられました。このようなプチ炎上でも相当ダメージがあるのに、芸能人で炎上した人はどのようにして心のバランスを保っているのでしょう……。今世の学びのためか、人生で炎上を経験することになった人々に尊敬の念すら抱きます。

敵意には愛が勝つ？

いっぽう、人をバッシングしがちな歪んだ正義感の持ち主は、いったい何をしたら満足してくれるのでしょうか。涙にくれながら反省と謝辞を述べれば良いのでしょうか。謝罪し、発言を訂正し、しばらくおとなしく謹慎したり……？　彼らは、炎上対象が謝ったのを見ると、また飽くなきシャーデンフロイデ欲にかられて新たなターゲットを探すのでしょう。

以前バッシングされたことがある友人は、「叩いてきた人のツイートを見ると私以外にもいろんな人に難癖をつけていました」と話していました。心の中に満たされないものがあるのでしょう。難しいですが、叩いてきた人の幸せを祈るのが良いのかもしれません。友人からは「相手の幸せを祈りつつ、その知らない人に嫉妬されるくらい恵まれた自分の状況に感謝する」という言葉も。そのくらいポジティブに乗り切れれば良いのですが……。

作家の知人は、「数年前に炎上した時は、ひたすら相手に感謝の念を送っていました」と殊勝なことをおっしゃいました。「常に愛を送る練習になりました」。敵意には愛が勝ちます。あとは「塩サウナ入りまくりました」とのこと。たしかに岩盤浴とか塩サウナの最中は不思議とネガティブな思いにかられないし、デトックスになります。「炎上は２週間くらいで沈静化します」という経験者の言葉も参考になります。

作品の結末が世の中の願望と違っていたため炎上した脚本家さんは「もう一生分叩かれました」とおっしゃっていました。「カミソリどこに送ればいいですか？」みたいなメッセージがたくさん来たそうで怖すぎます。「同じく炎上しているスタッフとなぐさめ合いました」とのことで、周りに同じ辛さを共有できる人がいると良いみたいです。

スルーしつつ、心の中で相手の幸せを祈る

アメリカ人サイキックのレーネンさんに、日本の炎上についてどう思われるか聞いたことがあります。

ネガティブな人たちは、昔やったことを必ず掘り起こします。過去に何か悪いことをした人で、今は変化し成長した人に対しても、過去の言動を明るみに出して傷つけようとします。アメリカから日本を見ていて思うのは、日本人はよく人を裁きますよね。お金持ちや有名人が不倫した時など、一般の人もやっていることなのに激しくバッシングされます。多くの人にはフラストレーションがあります。ネガティブな人たちを怖がるとネガティブな存在に対して心を開くことになります。ネガティブな意見は無視するのが良いです。人の非難に反応しないことで、相手が異なる意見を持つ権利があるのをリスペクトすることになります。反論したり説明しないことは、非難に対するポジティブな対処法です。

つまり、スルーしつつ、心の中で相手の幸せを祈るのがベストのようです。反応すると相手にまた娯楽を与えることになってしまいます。炎上ウォッチャーを炎上中毒から抜けさせることができれば、かなりの徳を積んだことになりそうです。

このたびの教訓

炎上はスルーして相手の幸せを祈り、自分は徳を積む。

何かやらかすとバッシングされまくる日本の風潮
不貞発覚
芸能界追放
匂わせ不倫
人様の家のことなのになぜか気になります
他人の勝手な行動が許せないのはなんででしょう……

そのルーツは小学校の学級会にあるのではないでしょうか
山田くんが廊下を走っていました いけないと思います!
モラルに反した生徒を吊るし上げ、優越感を得るという……
正義の快感が学級会で刷り込まれた気がしてなりません

人間関係の断捨離

メーガン・マークルする

平成から令和になるタイミングで、部屋を片付けたり服を処分したりしてスッキリしました。

そして人間関係も整理したいという欲求が芽生え、ＬＩＮＥで、自慢ばかりしてくる人やコントロールしようとする人などを非表示に。しばらく心穏やかに過ごせそうです（ただ完全には削除していないので相手から連絡があったら通知が表示されてしまいますが……）。

国は変わって、イギリス王室に嫁いだメーガン・マークル妃が、彼女の過去の行動によって名前がスラングになってしまった、というニュースを見ました。

「メーガン・マークルする」

このように使われるそうで、動詞の意味は、自分にとってメリットがない人との縁を断ち切る、というもの。ＦＯＸ ＮＥＷＳのサイトには用法も載っていました。

Have you been “Meghan Markled?”
She did a Meghan Markle on her friends as soon as she became famous.

など……。

女優として有名になり、王室に嫁ぎ、ステップアップするたびに不必要な友人知人を断捨離してきたそうで、その中には父親や義妹など親族も含まれていたため、冷酷な振る舞いだと揶《や》揄《ゆ》されています。

自分のレベルに合わない、利用価値がない人と疎遠になるいっぽうで、セリーナ・ウィリアムズやジョージ・クルーニー夫妻などのセレブとは積極的に交流。切り捨てられた側が淋しくなるのもわかります。でも多かれ少なかれ人にはそういう部分があるような気がします。

思い返せば小学校時代の女子の派閥で、最初は向こうから話しかけてきたイケてないグループと一緒にいたのが、途中からもっと勢力が強いグループの子に気に入られて、もう見向きもせずそっちの世界に行ってしまったり、誰もが思い当たるふしはあるのではないでしょうか。

人と疎遠になるのは、レベルや波長が合わなくなる、という理由も大きいです。縁を切ることもあるし、切られることもあります。ＬＩＮＥで私からメッセージを送っている女友達がいるのですが、だいたい返事は「そうだね」とか五文字以内。空回り感が切ないです。

人間関係の整理法

自分側から縁を切ろうとする場合、どのように人間関係を整理するのが穏便なのでしょう。久しぶりにネットフリックスの「テラスハウス」の軽井沢シーズンを観ていたら、クールなモデルの美女が、自分にアプローチしてきたウザい系の男子について

「あの人ムリだったから安未《あみ》（かわいいのに毒舌で話題になった小室安未のこと）の世界から消したの」

と、言い放っていました。

そして彼女はテラスハウス内でムリだと思った男子を軽く無視していたら、その男子は泣いてしまいました……。お互い20歳前後なので、青春の1ページとして、後々思い出になりそうです。収録が終われば会うこともないでしょう。

大人の場合、仕事関係だったり、共通の友人がいたりして、今後関わってきそうな人だと縁を断ち切るのは難しいです。

私の場合、フレンドリー感を出しながらやたらコントロールしようとしてくる知人女性に困っていました。

時々来るメッセージにどう対処したものかと思い、とりあえず「ありがとうございます！」とお礼を伝えてから、相手の誘いを断る、という方法に落ち着きました。ただ断るだけでなく、感謝を言っているので中和されます。

占い師の友人に相談したら、もう返事はＬＩＮＥのスタンプくらいにした方が良い、とのアドバイスが。会話を発展させたくない、会おうという計画をうやむやにしたい時はスタンプが便利で、無視より角が立ちません。

ある女友達は、仕事で邪魔をしてくる上司に困っていて、京都の有名な縁切り神社にお参りしたと言っていました。その「安井《やすい》金比羅《こんぴら》宮《ぐう》」という神社では、「縁切り縁結び碑」という石の穴をくぐり、縁を切りたい人を書いた形代《かたしろ》を碑に貼ることでご利益が得られるそうです。

彼女は「私の足を引っ張る人すべて」と縁を切りたい欄に書いたところ、仕事の問題も良い形でなくなったと話していました。縁切りの最終手段です。

執着が強いタイプへの対処法

そして一番断捨離が難しいのは、執着が強いタイプ。ストーカー的な存在です。

怖いので連絡したりＳＮＳで話しかけてくるのはやめてほしい……でもそれを伝えたら逆上されるかもしれないのでどうしたら良いかわからない、そう悩んでいる女性は少なくないと思われます。人間関係で修羅場をくぐっていそうな知人に相談したことがあります。

占い師Ａさんのアドバイス

「怖いので近付かないでください、と相手に伝えるのはどう思いますか？」

と聞いてみると……

「それは絶対やめた方がいいです。何かしらリアクションすると相手がかまってもらっていると思って喜んでしまう可能性があります」

「あとは、私は、相手の幸せをただただ祈って、関心がこちらに向かないように念じたりします」

「それは、心が負けそうな時ならやってもいいと思います。でも、一番良いのは『無』です。相手に何の感情も抱かないことです」

と言われて、なるほど、と思いました。こちらが恐怖だったり困惑だったり何らかの感情を抱くと、たぶん目に見えない波動で相手に届いて、刺激してしまうのだと思います。

とにかく「無」、何も思わない、相手のことを忘れることで、相手もこちらを忘れてくれるかもしれません。ふとした時に思い出して怖くなるのでやっぱり難しいですが……。

アート関係Bさんのアドバイス

気難しい人をたくさん相手にしていそうなアート関係のBさんに

「どうやって、ヤバい人とは縁が切れますか?」

と、相談すると

「縁は切らないで、うまく対応するしかありません」

というお返事。どういうことでしょう？

「ヤバい人を断ち切ると、また次のヤバい人が出てきます。ロケットペンシルのようにあとにどんどん控えているんです。だから、今いるヤバい人は魔よけみたいなものだと思って、断ち切らず対処しましょう」

たしかに、好きな人の逆で、苦手な人とかキモい人も、本命的な存在はたいてい1人です。その人がいなくなると、また別のヤバい人が現れる、というのもわかります。好きな人もイヤな人も心を占める存在は一度に1人だけ……とか言うとまた喜ばせてしまいそうですが、そういう人を引き寄せてしまった自分の中にも原因があるのでしょう。

学びだと思って経験を受け止めて、できるだけ無心を心がけたいです。

いつか人徳が高まったら、自然とそういう人はいなくなっていることを願います。

このたびの教訓

ムリな相手に対しては〝無〟になる。

執着してくるヤバい人が現れたら…全力でその人の幸せを祈ります
どうか幸せになってください
私以外に対象を見つけてそっちに行ってください
さらに健康&長寿も祈念
どうか長生きして下さい
ストーカーっぽい人が死んだりしたら、とりつかれて生きてる時より始末悪いです
ヒイイ…
ピト
なので日々幸せと健康を祈っています
結局相手にサービスしてることに……

タクシーコミュニケーション

タクシー運転手から渡されたメモ

タクシーでのやりとりはコミュニケーションが苦手な身にとっては難しいです。何人かで同乗していて、運転手さんと会話をしてくれる話し好きの人がいればいいですが、一対一だと話しかけられたら感じ良く答えなければと気を使います。

あるタクシー会社ではドライバーから客に話しかけないように指導しているとか。客が眠い場合を考えてというのと、会話からトラブルに発展するのを防止するためだそうです。

タクシーに乗り慣れない客としては、完全に無言の運転手さんだと逆に何か気分を害したのかと気になってしまいます（止めた場所がまずかったのか、など）。

ベテランの運転手さんになると客が話したくないか話したいのか察せられるそうですが、初対面の他人同士なのでそこまで空気を読むのは難易度が高いです。

先日、Twitterで流れてきたあるタクシー運転手さんの話題が斬新でした。

バンドのボーカル&ギターの平野さんという男性のツイートだったのですが、12月にタクシーに乗ったら、運転手さんに「私、この仕事してるからたくさん話持ってるんで、よかったらこの中から気になる話選んでください」とメモを渡され、そこには話題のリストが書かれていたそうです。

Twitterにメモ画像が上げられていましたが、「税金の無い国」「相続税の無い国」「年金支給額（世界の）」「議員報酬だけではマイカーは買えない」「戦争の原因」「ハプスブルク家」「東京国際フォーラムの建設費」「1万円札の原価」「免疫力アップ」「オゾン層の破壊」「地球温暖化」「病院は選べ」「宇宙人はいるか」「死後の世界」「ホタテ」など、気になる項目の数々が。

その男性は「免疫力アップ」を選んだそうです。

もし自分が選ばせていただくとしたら……「ハプスブルク家」「宇宙人はいるか」「死後の

世界」あたりでしょうか。

ちょうど先日、タクシー運転手をしながら、地球環境の破壊と宇宙への脱出法について調べている人の本を読んだばかりでした。

まさか同じ人ではないと思いますが、実は話してみれば知識豊富な（そして独自の理論を持った）運転手さんが多いのかもしれません。

タクシー運転手を分類する

これまで自分を通り過ぎていった運転手さんについて思い出してみます。タクシー運転手さんを分類するとしたら「洗脳系」「説教系」「怖い話系」「下ネタ系」「感じ悪い系」「慇懃《いんぎん》系」「癒し系」などにわかれるでしょうか。

慇懃系

「慇懃系」は、ドアを開けてくれたり最初に挨拶をしてくれたり、室温が快適か確認したり、丁寧で紳士的な理想の運転手さんです。

こちらから話しかけない限りは放っておいてくれます。ありがたい存在ですが、客側の精神状態や波動が良くないと引き寄せられない気がします。

感じ悪い系

逆に「感じ悪い系」タクシーは、こちらが弱っていたり運気が下がっている時に遭遇する率が高いです。何年か前、低迷気味だった時に小田原で乗ったタクシーはひどかったです。話しかけても「は？」と三回くらい聞き返され、間違った場所に連れていかれた上、そのままメーターも止めず、料金が加算していきました。

また、昔都内で遭遇したタクシーも、乗った瞬間から「右折しにくいから、ここで乗らないでくれる？」と、60代くらいの男性にいきなり怒られ、15分間ずっと「ドア開けちゃったからしかたないけど、次からは渡って向こうから乗ってくれる？」などとイヤミを言われ続け、さらに仕事の愚痴まで聞かされました。

こちらが「私がいたらなくて申し訳ありませんでした!!!」と謝りギレして叫んで応酬したら、「わかった、もういいから……」と観念したように言われました。なんとなく勝った気がしましたが、未熟だった頃の思い出です。

癒し系

「癒し系」タクシーは、猫に好かれて困る、と話していた優しそうなおじさんや、待ち時間の間トイレットペーパーで作った桜の花を見せてくれたおじさんなど。一期一会が良い思い出になります。

最近長崎で乗ったタクシーでは運転手のおじさんが延々と犬のかわいさ自慢をしていました。

「毎日一緒に寝て起きてメロメロです」「わざと目の前で犬のぬいぐるみをかわいがってみせると、ぬいぐるみに嫉妬したりしてめちゃくちゃかわいいです」と、写真を見せて犬愛を語ってくれました。

トークがうまい運転手さん

トークがうまい運転手さんの場合は、自然とこちらも話に乗ってあいづちを打てます。

下ネタ系

最近はなかなか遭遇しませんが「下ネタ系」の運転手さんも、話がおもしろいとつい聞き入ってしまいます。過去に沖縄で遭遇した運転手さんは、出身地の夜這いの風習を教えてくれました。

「中学くらいになると、仲間と連れ立って夜這いに行ったもんさ。子どもだからかわいいもんで、おっぱい触っただけで逃げ帰ったよ」と、コンプラ的にアウトかもしれない話を聞かせてくれたのが記憶に残っています。

説教系

「説教系」も忘れ難いです。ちょっと前に大分県の火祭りに行った時のこと。神社で火の粉を浴びせられ続ける祭で、あまりの恐怖で帰りのタクシーで思わず「もう神様を信じられなくなりました」と漏らしたら、「そんなことは言わないでください……」と諭されました。今となっては良い思い出です。まじめな人柄が垣間見えます。

タクシーの運転手さんが突然問題を出して、答えられなかったら軽く説教された、というパターンもありました。

茂みの近くで「この植物なんだかわかる？」と聞かれて、同乗者の女性が「ネギ？」と答えたら「女性らしくちゃんと覚えて！　これはまゆう」と怒られていました。

新しい知識が増えるのはありがたいので、時々博学な運転手さんに遭遇したいです。

ただ、眠い場合は睡眠学習的に、タクシー運転手さんの話がインプットされてしまいます。前述のバンドマンが遭遇した運転手さんも、夜遅くに「税金の無い国」「病院は選べ」といったテーマで一方的に話を聞かされたら洗脳されそうです。

過去に鹿児島で遭遇したのは、話し好きの女性運転手さん。こちらが眠いのに構わず、西郷隆盛の知識（「おいどん」の語源など）を延々と解説してくれました。

眠い時にタクシー運転手さんの話を聞くと洗脳される危険が。反応が鈍い私に業を煮やしたのか、最後の方は「女は業が深いからおなごって言うんですよ」「埋葬する時、男よりも女は10センチ深く埋めないとなりません」と、男尊女卑が入った怖い話をしてきたのが未だに記憶に残っています。

怪談系

怖い話が好きな運転手さんもいます。和歌山県に出張した合間、景勝地に案内してくれた運転手のおじさんは海辺の絶景ポイントを指差し「あそこにハシゴが見えるでしょ。まあ何かは言わないけど。消防士が登り降りするハシゴね。こういう景勝地はやっぱり……。わかるでしょ」と意味深な表情で語っていました。その話を聞いて肩が重くなったような……。

一番スリルを感じたのは、出雲で一人で出張の合間に乗ったタクシー。観光地に詳しい運転手さんで「このタクシーで運が良かったですね。神様が結んでくれるのも良縁。人の縁が大事です」などと言われ、神社を次々案内してくれたのは良いのですが、買うお守りを指示されたり勝手に袋を開けられたり介入が激しかったです。

そして、縁結び運がほしくて一人で出雲に来ている淋しい女と思われたみたいで、最終的に「私は50なんぼです。私も一人なんですけど……」とアプローチが……。「すみません、空港行ってください」とだけ答え、あとは気まずい沈黙が漂いました。

こうやって振り返ると、普通の生活では接点がなさそうな人々と、短い時間ながら忘れ得ぬ交流ができたのは、なかなか得難い体験だったかもしれません。

タクシー料金の元を取ってもさらに余りがあるような……。世の中に偶然はないので、運転手さんの話の内容には、その時の自分に大切なメッセージが含まれているのかもしれません。会話をシャットダウンせず、有益な情報や豆知識を引き出していきたいです。

このたびの教訓

心をオープンにしてタクシーに乗ると、有益な情報がもたらされるかもしれません。

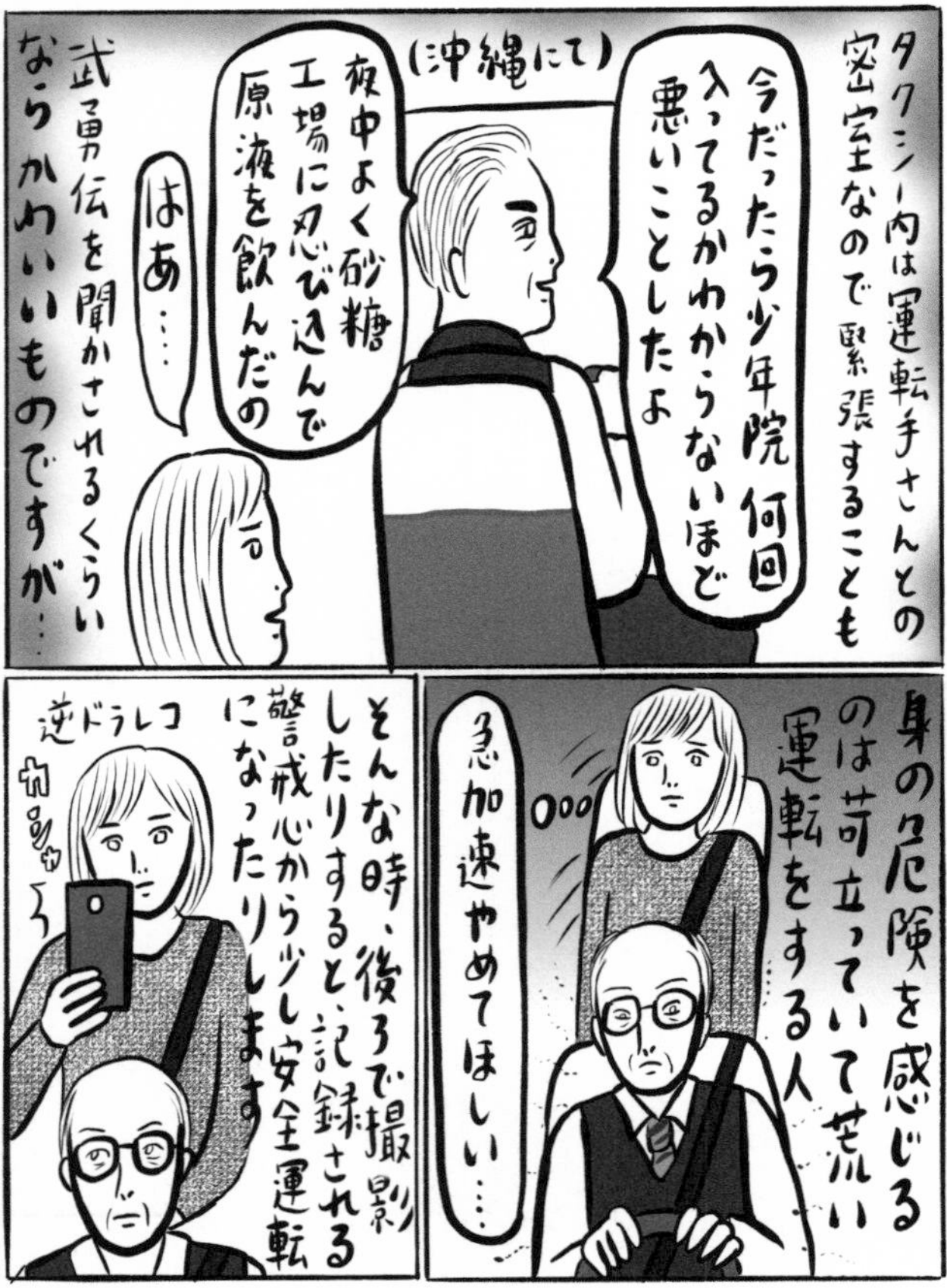

タクシー内は運転手さんとの密室なので緊張することも
(沖縄にて)
今だったら少年院何回入ってるかわからないほど悪いことしたよ
夜中よく砂糖工場に忍び込んで原液を飲んだの
はあ…
武勇伝を聞かされるくらいならかわいいものですが…
身の危険を感じるのは苛立っていて荒い運転をする人
急加速やめてほしい…
そんな時、後ろで撮影したりすると、記録される警戒心から少し安全運転になったりします
逆ドラレコ
カシャ

政治家のコミュニケーションスキル

私には絶対ムリな仕事

最もコミュ力や人間関係力が必要とされるのは政治家、それも選挙の立候補者ではないでしょうか。マンションの理事会でも身に余る私には絶対ムリだと思える仕事の一つです。

先日（二〇一九年七月。以下同）は参議院選挙が行われましたが、有名な候補者たちの活動がニュースでも流れていました。有権者に笑顔で駆け寄って両手で握手したり、一緒に盆踊りを踊ったり、子ども連れのお子さんの頬を撫でたり……。

候補者以外の政治家も、一日5～6ヶ所回って声を嗄《か》らして応援演説し、有権者にアピールするため、駆けずり回らないとなりません。タレント候補にとっては、タレント活動の方が労力的にも収入的にも良いと思われるのではないでしょうか。よほど世の中を良くしたいという使命感がないとやり抜けません。

某地方都市の選挙に密着

先日、新聞の取材で某地方都市の選挙に密着するという貴重な機会をいただきました。政治には不勉強な私でしたが、やり手の女性記者にいざなわれるまま、選挙事務所や選挙カーを取材。そこでますます政治家のコミュ力を見せつけられました。

選挙事務所は野党と与党の2ヶ所伺い、それぞれ情勢によって空気の違いを体感。リードしていて勝算がある野党の事務所は余裕が漂っていて、地元の人が野菜や手作りのケーキやお煎餅など差し入れを持ってきたり、テーブルに花が生けてあったりとアットホームな雰囲気。

事務局長の百戦錬磨風のおじさん（70代くらい）が「選挙をやってると人が信じられなくなる」とぼやきながらも、どこか余裕を漂わせていました。大量の推薦状が壁に貼られていましたが、「皆両方に送るから、本心はわからない」とクールなコメントが。

「今まで何回も選挙に出たけど、怪文書なり何なり出す方は必ず負けた。そんなことはやっちゃいけない。必ずバチが当たる」という言葉が印象的でした。

選挙の神様は見ています。「選挙は昔で言えば国取り合戦みたいなもの」という言葉を聞くと、選挙への興味が高まります。

といっても日本人の未来を決める大切な機会なので、ゲーム観戦のように見ているわけにはいきませんが……。

ちなみに劣勢の方の事務所は、アットホーム感は薄く、パソコンが並んだオフィスのようでした。そして事務局長は厳しい表情で、「朝から怒ってるか、謝ってるか。これが選挙だよ」と吐露していました。

最初に行った事務所の候補者は、二世の方で地元の地盤が強くて、高齢者の支持も厚いようでした。「田舎のじいちゃんやばあちゃんはFacebookやTwitterを見ないし、本人がこんなところまで来てくれた、というFace to Faceな活動が大事」と事務局長が語っていたように、選挙カーで対象地域を回るのは結構重要なようです。

住人の身からすると、一方的に大音量が入ってきて仕事や安眠の妨げになると思ってしまいますが、この街ではわりと歓迎されているようでした。

究極のポジティブシンキング？

ただ、与党のテリトリーでは明らかに反応が薄く、住民の多くにスルーされたり、手を振るなどのリアクションも屋内からこっそりされたりするそうです。そんなアウェイ感にもめげずに、候補者は明るくポジティブに語り続けないとなりません。

候補者のHさんは人格者っぽい穏やかで育ちの良さそうな男性。ファンのマダムたちまでいて、演説スポットに来て「◯ちゃ〜ん！」と手製のうちわを振って応援。政治家のファンになると、塩対応はなさそうで、握手もできるので魅力的です。一票はどんな握手券よりも重いです。政治の知識もつくし、老後は政治家の追っかけも楽しそうだと感じました。ただ選挙期間以外は塩対応かもしれませんが……。

演説後、しばらく候補者の選挙カーを追随し、応援演説の幹事長が同乗して同じ文言をエンドレステープのように繰り返すのも聞きました。

「◯ちゃんとは良い時も悪い時も一緒にやってきて……」

「いつも皆の心を和ませてくれました」

具体的なエピソードが聞きたかったですが、車は一瞬で通り過ぎるのでそこまでトークは発展させられないようです。

住宅街を高度なドライビングテクニックで走り抜け、ちょっとでも人の気配があるとすぐに話しかけます。住民は気が抜けません。選挙期間中、近所を歩いていてちょっとでも選挙カーの方を見ると「応援ありがとうございます！」と言われて恥ずかしいのを思い出しました。自意識過剰くらいがちょうど良いようで、選挙カーの候補者は目ざとく人を見つけては住民いじりしていきます。

「２Ｆから見えました！　ありがとうございます！」

「おうちの中からありがとうございます！」

もしかしたら普通に生活しているだけかもしれませんが、すべて応援と捉えるポジティブシンキング。動いているものはすべて有権者に見えるようです。

「右から左からありがとうございます！」

だんだんいない人も見え始めているのではと思えてきますが、でも実際、熱心な高齢者の方など、家から出てきて激励してくれたりして、住宅街の細い道を回ることは無意味ではないようです。

コミュ力２００％で叫び続ける

その日は休日でしたが、会社のビルがあったらその会社との縁について語りかけたり、スーパーがあったら買い物中の人に語りかけたり、とにかくずっとそんな調子で、たまにうぐいす嬢と交代する以外は、自分の名前を連呼していました。

私も1時間ちょっと、気配を消して選挙カーに乗らせていただきました。

そして自分なら30分でギブアップすると実感。

その候補者はろくにお昼も食べず、休憩もせずにずっと選挙活動しているようでした。笑顔で手を振り、いい人っぽい声で知らない人に話し続けるという苦行を一日中やるなんて……こんな大変な活動を経てやっと当選できたら、その辛さが吹き飛ぶほどの充実感やメリットを得られるのでしょうか……。

「農作業ごくろうさまでーす！」

「お散歩中ありがとうございます！」

時々手を振ってくれる人もいますが、若者の多くはスルーし、耳を塞《ふさ》いでいる子どももいます。

それでもめげずにコミュ力２００％で叫び続ける候補者。

そして車から降りたら降りたで、止まっているタクシーに駆け寄って運転手さん一人ひとりに握手していました。人間がよほど好きでないと、そしてすべての人の幸せを祈る博愛心がないと、こんなにオープンマインドにはなれません。

政治家は体力、経済力、コミュ力、人間力、いろいろなものが最高レベルでないとつとまらないと感じました。
ただもしかしたら、体力を消耗する選挙活動中、フレンドリーなキャラだと思わせて、実は握手して通りすがりの有権者のエネルギーを吸い取っているのかもしれません（以前友人が、某候補者と握手したら異様に疲れたと言っていました）。

政治家のパワーの源泉は市井の人々のエネルギー……。
政治家にはそのくらいのしたたかさが必要です。

このたびの教訓

選挙の立候補者に求められるのは住民いじりのテクニック。
街そのものが自分の講演会場のような感覚で……。

どんどん細い道に入って
住民いじりをする
選挙カー
見えてますよー！
ありがとうございます
万一着替え中だったら
どうするのかと思いつつ…
車から降りた候補者
は走り出し、目についた人
全員と握手！
お疲れ様です！
これが一般人だったら
相当ヤバい人ですが…
政治家はやはり特権
階級です

店員とのコミュニケーション

ネット通販派？　実店舗派？

ついふらふらとアパレルショップに吸い寄せられてしまうのは、物欲だけではなく人との会話を求めているのかもしれません。

最近、ネット通販で買い物する人が増えていますが、私は実店舗派です。

店員さんとの攻防というかやりとりが、ひとときの刺激と充実感を与えてくれて、孤独も和らぎます。

ただ、最近は無視というか放置されることが多くて淋しいです。服を持ってチラッチラッと店員さんの方を見ているのにスルーされるとか、こちらは買う気が70％くらいあるのに「この靴だとサイズが合わないです」と言っても在庫を探す素振りもない店員さんとか。

昔、プランタンの試着室で試着している間に、「あのお客さん感じ悪い」とか店員さんに悪口を言われたことがありましたが、無関心な態度よりはインパクトがあり、忘れ得ぬ思い出となりました。また、単純にセールストークがうまいと、ずっと聞いていたいというか、品物への愛が伝わってきて感動すら覚えることもあります。

生の「もみ手」

ファッション系ではないですが、ちょっと前に輸入車のセールストークコンテストを見学する機会がありました。敏腕のセールスマンは清潔感を与える髪型とスーツ姿で。生の「もみ手」を見ることができて感慨深かったです。

お客さんに「道路混んでなかったですか」とねぎらいの言葉をかけたり、荷物が大きい女性客に対しては荷物を預かったり、コーヒーを出したり、ホスピタリティがすばらしかったです。

「○○様、お待ちしておりました」

「左様でございますか」

と、言葉遣いも慇懃《いんぎん》でした。

やはり何百万円もする買い物なので、商談をまとめたいという強い思いが感じられます。

コンテストのあとに反省会で泣いている女性社員もいました。このくらい本気で、ガチでぶつかって来られたら買ってしまいそうです。

テンションが上がる怒濤のセールストーク

先日、ふらっと入った表参道のセレクトショップで、とくに必要としていないアクセサリーを店員さんの熱意で買わずにはいられなかった、というできごとがありました。

まず、お店に入ってすぐに「バッグの色合わせ、おしゃれですね」とホメから入られて気分が上昇。そして店内を見ると、ビーズと天然石を組み合わせた1万７０００円のネックレスが目に留まりました。

普段の自分だったら、ちょっと高いなと思って見送るところですが、20代くらいの水トアナにちょっと似た女性店員さんの怒濤のセールストークに心をつかまれてしまいました。

まず、デザインのすばらしさについて説明してくださり、「一本しか残っていません」

という殺し文句を言われてもまだ私が迷っていたら「こちらは磁石ではめられるので、通常のアクセサリーより着けやすいですよ、歩きながら着けられます。玄関先に置いてパッと取っていくイメージ」と装着の簡単さを具体的にアピール。

「首に何重にも巻いてチョーカーっぽく着けられます。私の太い首では二連三連くらいですが……」と自分を落として親近感を作り出し、「汗に強い素材です。真鍮のアクセサリーだと変色したり手入れが必要ですが、こちらは面倒なことはありません」「5年前に買ったお客さんが一人紐が切れたとおっしゃったくらいでかなり丈夫です。しかもショップで修理を受け付けています」と、あらゆる懸念の可能性を払拭。

「このネックレスと合わない服はありません。ユニクロのシャツもユニクロに見えないとお客さんはおっしゃいます。格上げしてくれるアクセサリーです。服の中に入れ込んでちらっと見えるだけでも素敵です」

ここまで言われると買った方が良い気になってきました。

トドメに「肌のトーンを上げる、ラメ入りのファンデーションのような効果があります」というセールストークがダメ押しに。この先は「血行が良くなります」と健康の効果まで出てきそうな勢いでした。

どんな服にも合って格上げしてくれて丈夫で歩きながら着けられる……ファンデ代も浮くかもしれない美肌効果が。

「じゃあこちらをお願いします」

と、陥落。

気持ちの良い負け方というか、よどみない、あとから次々出てくる話芸にもお金を払ったような感じです。そして買ったネックレスは、言った通りで肌の色が明るくなって格上げされる気が。半分洗脳されたのかもしれませんが……。

セールストークで半分催眠や洗脳にかかったような自分が自分でなくなる感覚もそんなに嫌いではありません。自我やエゴが少し軽くなる感じもします。

でも、世の中はこんなに気持ちが良いセールストークばかりではなく、これはマイナスなのでは……と思うパターンもあります。

テンションが下がった健康系イベントでのセールストーク

先日、健康系のイベントで、浄化力が強いというシャワーヘッドをセールスされる機会がありました。肌に当たった感触がすごい気持ち良いシャワーヘッドだそうで、ちょっと買いたくなっていたのですが、その店員のおじさんの「体にベルトの部分の黒ずみがあるのですが、このシャワーで取れてきました」というセールストークにテンションがダウン。おじさんの黒ずみを想像してしまい……。

さらに「この会場では現金の持ち合わせがなくてクレジットカードで買われるお客さんも結構いらっしゃいますよ」とそっとささやかれて、まるで現金の持ち合わせがない前提で扱われているのに引っかかりました。

「すみませんちょっと考えさせてください」と断ったら、おじさんの表情が一気に暗くなって目も合わせてくれなくなりました。

セールストークを長々と受けたあとで断るとこれが気まずいのです。

相手を失望させたくないと思って不必要なものを買ってしまったことも何度もあります。おじさんの場合はぞんざいになってしまいましたが、とくにおしゃれな女性店員さんだと、嫌われたくないという思いが出てしまうのは、中高時代おしゃれな子と仲良くなりたくて、でもなかなか近付けなかったという黒歴史の影響かもしれません。

このたびの教訓

商品に付加価値を与えるのは店員さんのセールストーク。

店員さんとの会話は大体楽しいですが、以前めずらわしく感じたのは・・・・こんなやりとり
お決まりでしたらお預かりいたします
まだ大丈夫です
断ると微妙な空気になるので何か意味があるのかネットで調べたら・・・・
万引き防止のために言うんですよ
ガーン
頻繁に言われていたので軽くショックでした
でもなぜか今年に入ってから言われる回数が激減
年を重ねてやっと万引きしなさそうな落ち着きを醸し出すことができました

その2

試練への対処法

同窓会に挑む

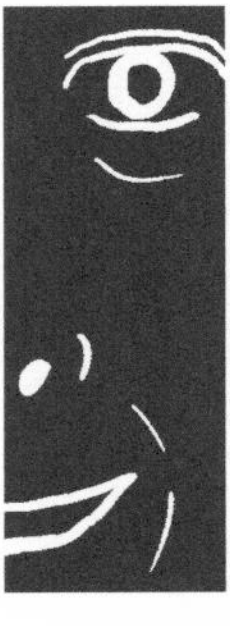

数年に一度の晴れ姿？

同窓会にはどういう気持ちで挑むのが良いのでしょう？

「挑む」という動詞自体が間違っているのかもしれません。中高時代は自然体で接していたのに、年数が空くと、つい充実しているふうに虚勢を張りたくなってしまう……。

数年間に一度の自分の晴れ姿を見せなければ、という思いにかられます。そして、無駄に服やバッグを新調したりして気合いが空回りして、ますます挙動不審になってしまうのです。女子校の同窓会でもそうなのだから、昔好きだった人とかが出席しそうな共学の場合は、さらに気合いが入りそうです。

最近、中高の同窓会の集まりが何度かありました。同窓会では自分を見失いがちです。他のクラスメイトのように家庭を持ったり安定していない、という引け目があるからかもしれません。落ち着いて堂々としている同窓生を前に劣等感を感じてしまいます。
今年の同窓会での反省点を思い返してみます。

プチトラブルが発生する

自分を見失いかけているからか、注意力や防御力が散漫になって、ちょっとしたトラブルに見舞われがちです。

例えば、新調した靴で激しい靴擦れが発生し、楽しく談笑するどころではない、とか。気合いを入れてレンタルしたブランドバッグを汚してしまい、パニックになりかける、とか。服にシミをつけてしまう、寝癖が直らない、などを体験しています。

そんな醜態を人に見られたらどうしよう、とさらに焦りにかられます。実は誰もそんなに人のこ

とを見ていない、と冷静になるしかありません。

席が遠くて聞こえない

会場が広かったり、テーブルが大きいと、盛り上がっている人たちの会話に入りたくても入れない、ということが起こりがちです。加齢で耳が遠くなったのかと心配になります。

先日も、同窓会の部活仲間の集まりで、会話が断片的にしか聞こえず、「豚しゃぶ」「かき氷」「淡谷のり子」などといったワードをかろうじて聞き取ることができて、「えっ何？」と何度も聞き返す羽目に。会話の流れを分断してしまいました。読唇術でも身につけていれば良かったのですが……。

フェイスブックに入ってない

大人の場合、フェイスブックに入っている率が高く、小規模な同窓会の告知などはそこで行われることが多いので、入っていない私などはあとから知ることが多いです。また、先日の同窓会の記念写真はフェイスブック上にアップされたらしく、入っていないのでページにたどり着くこともできませんでした。同窓生と積極的に絡んでいくためには登録した方が良さそうです。いっぽうで、無理に昔の縁をつなぎとめず、自然に縁が切れるのが良いという考え方もありますが……。

ＬＩＮＥの登録で手間取る

こちらはアラフォーあるあるかもしれません。ＬＩＮＥをそこまで使いこなせていないので、久しぶりに会った同級生とつながろうとしても、友達登録に手間取りがちです。焦るほどＱＲコードの出し方がわからなくなる現象が。また、グループＬＩＮＥを作ろうとして複数も作って招待してしまったり。お互いの年齢を感じる瞬間ですが、登録できた時の達成感はひとしおです。

数年に一度の会話はダメージ大

何年かに一度しか会えないのに、会話がうまくできないことがよくあります。もしくは予想外の厳しい一言に動揺して引きずってしまったり。

同窓会会場で所在なく立っていたら、１人の同級生に「また人間観察してるの？」と声をかけられ、そんな感じ悪い人間に思われていたとは、と、ショックでした。しかし数年ぶりの会話なので穏便に、笑ってお茶を濁しました。同窓会での会話は重みがあるので注意が必要です。

華やかな女子に話しかけてスルーされる

何十年も前のヒエラルキーは転生しない限り続いているのでしょうか。華やかで中心にいるタイプの人に「何かあったら誘って」と言ったら、軽くスルーされ、しかも話しかけた時の自分の口調を思い出してあとから自己嫌悪に。あとは、活躍している美女などに気後れして自分から声をかけられず、そっと隠し撮りしてあとで同じ場所にいた余韻に浸る、という不審な行為もしてしまいがちです。

名前を忘れる、忘れられる

昔、「同窓生カルタ」という同窓生の名前を忘れないためのカルタを作って（卒業アルバムをコピーして札にする）、練習していたことがありました。でも卒業して20年以上経つと、見た目や名字が変わってしまっている人も。記憶力が悪いながらも、なんとか下の名前やニックネームだけでも思い出したいです。先日は、会が始まって一時間半後に、誰だかわからなかった人の名前を思い出すことができました。

いっぽうで、自分が名前を忘れられると、新鮮な衝撃がありました。当時華やかなグループにいた美女に、帰り道話しかけたら、「あの、名前は……？」と聞かれて軽く動揺。名前を言ったら思い出してくれたようでした。このような反応があると初心に帰ることができます。自分は名前を忘れても、人に忘れられるのはイヤ、というのは自分勝手でした。

同窓会で緊張を和らげるには

同窓会での人間関係は、自分の原点のようなもの。挙動不審になってしまうのは、たぶん当時の自分が同じくらい挙動不審だったからだと気付きました。一時的に年齢退行しているのかもしれません。同窓会はタイムスリップ感があります。

同窓会での緊張を和らげるには、頻度をもっと高めれば良いのかもしれません。数ヶ月ごとに開催すれば、ありがたみもなくなりますが、もっと自然に振る舞えそうです。

多感な時期に一緒に過ごした学友は、何十年も縁が続くと、ほとんどソウルメイトみたいなものです。まじめで頭が良い同級生が着実に人生を歩んでいる姿を見ると、この人たちは絶対道を踏み外すことはなさそう、とゆるぎなさに安心します。同窓生をリスペクトし、運命共同体のような気持ちで、彼女たちの幸せを自分のことのように受け止められれば良いのかもしれません。

私としては同窓生に恥ずかしくないように、母校の顔に泥を塗らないように気をつけていきたいです……。

このたびの教訓

同窓会では初心に帰り、人よりも自分の心を観察する。

同窓会で自分の存在意義を見出すには……
急に無言で撮影しだす
カシャ
記念写真を撮ってデータを皆に送れば喜んでもらえます
撮った写真は拡大してじっくり見たりしない……というのが暗黙の礼儀です
同級生の年齢感はお互い様なので……

恐怖の飲み会

飲み会を途中で帰りたい時の言い訳テク

「今年は忘年会は内々で開催したんです」

毎年呼ばれていた忘年会に誘われなくて、こんなふうに告げられることが多くなってきました。以前、さんざん飲み会から途中で帰るにはどうすれば良いか書いていたのが、周りの友人・知人に漏れ伝わってしまったのでしょうか。

その時は、「生ものを持っているから早く帰ります」と言い訳するとか、仕事の電話がかかってきたフリをして外に出るとか、少しずつ荷物やコートを入口付近に移動させてトイレに行く体でサッと出るとか、拙案を提案させていただきました。

そして最近、「健康美塾」（第一三共ヘルスケア）で飲み会事情を調査。〝飲み会を途中で帰りたい時の言い訳〟を20～30代の女性に聞いたところ

「明日朝早いから」「職場の人に呼ばれた」「終電が近いんで」「主人がうるさいから」といった言い訳テクが集まりました。やはり仕事や終電などを言い訳にするのがオーソドックスです。

中には「いつの間にかいなくなる」人や、「うとうとして眠いフリをする」という演技派の人もいました。たしかに眠いフリをすると「帰っていいよ」ということになりやすいです。このテクは気付きませんでした。

ただ、それはある程度人数が多い場合にできる行為だと思われます。敵もさるもの（と、飲み会に誘ってくれた人を「敵」呼ばわりするのもどうかと思いますが）、少人数の飲み会だとどうしても帰らせまいとする人がいたりします。

「明日早いんで」と言ったら「何時？　私は6時

だけど」ともっと早い時間を言ってきて帰らせない空気にするとか。美魔女的な人に多いような印象です。

ここ最近体験した、スリリングな飲み会についてご報告させていただきます。

ある美女を囲む5人の飲み会で

ある美女を囲んでの5人での飲み会。オーガニック料理のおいしいお店で最初は和やかに飲んでいたのですが、途中から空気がおかしくなってきました。

あまりお酒に強い人がいなかったからか、美女が不機嫌になってきました。

「つまらん！」と文句を言い出し、「なんでみんな飲まないの？」と不満を表しました。

「明日早いんです」と言うと、「私も明日6時半に息子を起こさないと」と他の人が告げ、言い逃れできない雰囲気に。

お酒に強い人は体力も人一倍あるので、夜遅くなっても大丈夫なのです。睡眠時間が減ると次の日廃人状態になってしまう人の気持ちはわかってくれません。

「テキーラ1、2、3、4、5！」と彼女は勝手に人数分のテキーラをオーダー。幸いお店にはテキーラがありませんでした。すると彼女は

「短時間でみんな楽しくなってあとに残らないお酒ある？」とお店の人に聞いていましたが、結局思い当たらなかったようでした。軽めのカクテルを頼んでなんとか納得してもらいました。

「みんな飲もうよ！　1人飲んでる人がいたら全員飲まないといけない法律を作ってほしい」

とか無茶なことを言い出したり、「つまらん！」とたびたび連呼。

その中に、車で来ていた人もいたのですが、飲まないまま「そろそろ駐車場が終わる時間なので……」と帰ろうとしたところ、彼女は

「今日ここに置いてタクシーで帰れば。駐車場代は払うから」

と、なんとか引き止めていました。経済力がある美魔女に逆らえる人はいません。申し訳ないですが、体力的に23時頃失礼させていただくことに。そうすると帰り際に

「つまらなかった？」と言われてしまい、恐縮。

それ以来、飲み会に誘われることはなくなってしまいました。一抹の淋しさが残ります。心のどこかでスリルを求めていたのかもしれません。

炸裂した美魔女の下ネタ

最近は、別の美女を囲んでの仕事がらみの飲み会で、またちょっと緊張することがありました。というか、守護霊が行くのを引き止めていたのかもしれません。

まず、前の仕事が押して、飲み会の開始時間に遅れることに。さらに急に靴の調子がおかしくなり、右足にはいていた靴が3歩歩くごとに脱げるようになってしまいました。駅でたびたび脱げて前に進めません。しかも駅に着いてからなぜか反対方向に進んで迷いまくりました。お店に到着したのは21時近くに……。

「遅くなってすみません」とお店に入ると、不穏な空気が漂っていました。遅れたせいかと思ったら、どうやらその女性が説教キャラで、私が来るまで2人がかなりキツく説教され続けていたようでした。

「これから心を入れ替えます。指摘してくださってありがとうございます」と説教された方は人間ができている発言をしていましたが、どこか不自然な緊迫感が。

「言いたいことは言ったから」とすっきりした女性は、今度は下ネタキャラに豹変。途中で「全然わかってない！」と私も説教されかけたのですが、むしろ説教の方が良かったかもしれません。

それから、美女は周りに聞こえるようなボリュームで、最近出会った男たちとの情事を語り出しました。

「気付いたら背後から硬いモノを押し付けてきて……」

「セックスが下手な男と付き合ってもメリットがない。そうでしょ？」

「私の体をまさぐるだけまさぐって……」

さらに女性器の部位の名称まで発していて、下ネタはわりと大丈夫な私もさすがに引きました……。

美魔女の下ネタを聞いていると、エネルギーが吸い取られるようで、一次会で失礼させていただくことに。あとの３人は二次会に行っていました。妙な魔力に引き寄せられたのでしょうか。私の方は、何か瘴気《しょうき》にやられたのか、帰ってから異様な吐き気に襲われ、次の日もダウンしていました。守護霊様が止めてくれようとした意味がわかりました。

でも、しばらくして参加者に会ったら、酔っていてその日のことはまったく覚えていない上、「あれ？　最後までいなかった？」と一次会で帰ったことも認識されていなかったようです。

ここでわかったのは、参加者が悪酔いして次の日記憶がないくらいの飲み会は、途中で帰っても全然ＯＫ、ということです。むしろ自分の心身を守るためには、早めに姿を消すのがおすすめです。どうせ誰も覚えていないので……。

お酒は、ディープに飲んだ人同士が潜在意識下でつながる媒体なのかもしれません。

このたびの教訓

飲み会に参加する前にトラブルが起こったら、行かない方が良いというサイン。

酒癖が悪い人は抑圧されていたりストレスがたまっているようです
!
温厚な人が酔ってカンチョウしだしたり…人間の業が出ます
悪酔いしている人は悪いカルマというか邪気を発散しているような…
なんでわからないの？
据わった目
しらふ状態で目を見てしまうと食らってしまうことが実体験でわかりました
この前やった男が最悪で…
アルコールには邪気から守るパワーがあるのでこんな時は少しでも飲んだ方が良さそうです
バリアー

洗脳系女子の威力

価値の切れ目は縁の切れ目？

権力者や有名人に取り入って、いつしか意のままに操るようになり、恩恵を享受する……そんな女性をたまにニュースや周りの話で見聞きすることがあります。

そんな洗脳系女子は、相手をコントロールし、利益を享受し、もう利用価値がないとわかったら、あっさり断捨離するドライさも持ち合わせています。価値の切れ目は縁の切れ目です。恋愛がらみとは限らず、友人や仕事関係でも起こり得ます。

私も時々、人に親切にしていたら利用されるだけされて去っていかれる、という体験をしますが、なかなか精神的なダメージが大きいです。フリーでやっていたり、孤高の存在だったりで、心の奥底に孤独感を抱いている人が出す波動を敏感に察知する洗脳系女子。

大御所を籠絡し、コントロールするスキル

最近だと、某大物芸人さんの愛人女性のニュースが印象的でした。

愛人女性Aさんが、大物芸人の長年のスタッフを次々と解雇したり、作品を売ってお金にしようと画策したり……まだ真偽がわからない部分もありますが、大御所を籠絡《ろうらく》しコントロールするスキルに畏れ入ります。

彼女は、出会いの時、その芸人さんを知らなくて、それに芸人さんが逆に感動したとか。

それは洗脳系女子のあるあるテクニックです。超有名人と会っても相手を知らないフリをすることで、イエスマンだらけの著名人に新鮮な印象を与え、心を許せる存在になっていくという……。

崇められる存在の人は、その威光を意に介せず、ちょっと生意気にアプローチされるのが嬉しいものです。

ある実業家が、美人モデルに「もっとタメ口で連絡してきていいから」と話しているシーンを目撃したことがありました。でも、生意気なだけではダメで、Aさんのように靴下をはかせてあげるとか、奉仕と操作を適度に混ぜると籠絡度が高まります。

ズブズブに洗脳される

また、海外に目を向けると、ヘンリー王子と結婚したメーガン妃もあやしいです。

実は子どもの時から英国王室に憧れていたのに、ヘンリー王子と出会った時は、王室なんてほとんど知らない体を装ったとか。

常套手段に一瞬でやられたピュアなヘンリー王子。

笑顔の裏はクールで、利用できない人間とは次々縁を切るので、人間関係を断捨離することが「メーガン・マークルする」という動詞になったと触れさせていただきましたが（「人間関係の断捨離」45ページ参照）、とにかくサセックス公爵夫人は油断ならないです。

年間一億円以上の衣装代を使いまくり、アシスタントやナニーがメーガン妃に耐えかねて次々辞めていくという噂も。

そして仲が良かったウィリアム王子とヘンリー王子の関係まで雲行きがあやしく……。

洗脳系女子の特徴の一つに、周りの人との縁を切らせて、自分との関係に囲い込む、というものがあります。そしてターゲットを自分に依存させるようにするのです。ちょっと前の例だと韓国の朴《パク》前大統領と親友の占い師の女性の関係も、ズブズブに洗脳されている感じでした。

敏腕編集者から聞いた恐ろしい話

ちょっと前に敏腕編集者の女性から聞いた恐ろしい話があります。

「これまでに何人も、マネージャー志望の女性に搾取された作家さんや漫画家さんを見てきました。忙しくて大変そうな人が狙われます。彼女たちは半分は親切心からかもしれませんが、その人のため、というフリをしてきて近付いてきます。その作家や漫画家をコントロールすることで快感を得るようになっていくんです。例えば打ち合わせ後、あの編集者は信用できないとか言って、信頼関係を危うくさせます。そしてますます自分に執着させるんです」

そこに同席していた有名イラストレーターの女性も、ちょうどそんなヤバい人にマネージメントされて大変だったそうでした。

「最初は腰が低かったんですが、だんだん自分の方が上、という態度になってきました。秋元康を今度紹介する、とか実体のない人間関係をアピールしてきたり。気付いたら脚を組んでタバコを吸うようになって態度が悪化し、それに気付いた周りの友人が睨《にら》んだりしていたようです」

彼女は適当なデマを流したり、スピリチュアルを悪用して「あの人のオーラは良くない」と、イラストレーターさんの知人について忠告してきたりしたそうです。

「私的にはあの人はＮＧです」と、長年の編集者について言ってきて、疎遠にさせようとしたり。そして自分に多くの取り分がいく契約書を作ってきた頃から、どうもおかしいと思うようになり、仕事の関係を切るに至ったそうでした。本性に気付いて無事に縁が切れて良かったですが、多くの人は洗脳系女子に吸い取られてしまうそうです。

「勝手に印税契約がその中間の女性に何％か払われるようになっていたり、月１００万振り込まされたケースも。彼女たちはお金がありそうなところを敏感に嗅ぎ分けますが、作家さんや漫画家さんが落ち目になると去っていくんです」

相手に精神的に依存させられてから去っていかれるとは、かなり辛いものがあります。そうならないうちにヤバそうな人とは距離を置いておきたいです。

洗脳女子の特徴

私自身も、ほぼ当てはまる洗脳系女子との接触を経験したことがあります。

・最初はフレンドリーで親切そう
・次第に上から目線でアドバイスしたり指示してくる
・マージンや連絡先を中間で握りたがる
・間に入って人間関係をややこしくする
・有名人との縁をアピールするけれど、よく聞いたらＳＮＳをフォローしているだけだったり実体がない

などが特徴ですが、私も最初は親切そうだと思って心を許し……気付いたら始まってもない仕事のマージンの話をされたり、主語が「私たち」になっていたり、危険なものを感じていました。

極めつきは、打ち合わせに同席していてその会議中、何の脈絡もなく私に「怖がらないで！」と大声でアドバイスしてきたことです。

私はその時とくに怖いとか感じておらず、普通に打ち合わせしていただけなのですが、彼女はそうやって叫ぶことで自分の方が上の立場で、この女性は自分の言うことを聞く関係に

あると周りにアピールしたかったのでしょう。

ちょっと恐怖を覚えたので、少しずつ距離を置いてことなきを得ました。

たまに連絡が来たらとりあえず「ありがとうございます！」とお礼を書いて相手の優越感を刺激しつつ、具体的な日時や行動は表明しないで乗り切っています。また、仕事がいまいちだとかこちらが落ちぶれ感を出すことで相手から去っていくようにしむける、という方法もありそうです。人によってプライド的に抵抗があるかもしれませんが……。

先日、あるエクソシストの方に話を聞く機会があったのですが、そうやって人を洗脳し取り込んで周りと疎遠にさせる人は、悪魔がとりついている場合があるとか。もしかしたら彼女たちも純粋だったりスキがあったから魔に入られてしまったのかもしれません。悪魔の所業ならしかたないです。こちらも毛嫌いせず、相手の幸せと安寧を祈りたいです。

このたびの教訓

自分以外全員敵だと思い込ませようとする洗脳系女子。
古い友人知人との関係を大切に……。

洗脳系女子の有名人に取り入るテクニック
相手のことを知らないフリをする
私テレビとか見ないんです
不安定な人気商売はスピリチュアル好きなのでそんな話題で攻める
今日惑星の配置がすごく良くて……
と運命アピール
あの人生き霊飛ばしてるから気を付けて
と、友人について忠告したり
(根拠なし)
そして自分がやっているのはいいことだと思い込むポジティブシンキング
彼はろくな友達いないから私が仲良くしてあげなきゃ
上から
自分で自分を信じる力が強く謎の説得力が……
その点は見習いたいです

大人女子会のたしなみ

一見和やかな女子会でのバトルに戦慄

ちょっと前にカフェで仕事していたら、隣の席の女子２人が恋愛トークしていました。
１人の女子（柏木由紀似）が、彼について悩みを相談しているようでした。
「この前も女とフレンチ行ってたみたいで、ちっちゃい嘘つくんです」
それを聞いた年上っぽい女子が
「まず、恋愛で大事にしたいことは何か決めないと。それで人を選ばないと。あたしは思ったこと言い合える人がいいな。そこからブレなかったら彼と出会ったし」
と上から目線でアドバイスすると、ゆきりん似の女子が煽られたと思ったのか
「私も１ヶ月毎週ちがう男の人とごはん行ったんです。自分が主導権握ってて好きにさせる方法って、だいたいわかるじゃないですか」

と、自分の方が恋愛スキルが上であるとマウンティング。
それに対し年上女子は
「わかる、私もそういう時期あった」
とさらに対抗し、ゆきりん似の女子は
「前の彼の時も私からシャットダウンして……」
と自分に絶対的な主導権があることを主張していました。
一見和やかな女子会の中でのバトルに戦慄を覚えつつ、恋愛トークで盛り上がれることに憧れを抱きました。そして、若いな……という感想も。

老眼…浮気…男クソ…夫早く死んで…

女子会の話題は年代ごとに移り変わっていきます。20代は恋愛トーク、時々仕事の話。30代はなぜか人脈トークが多かったです。マスコミやＰＲなど華やかな仕事の女子が、誰と仕事して誰と仲良いとか延々と人脈をアピールしていた記憶が……。

そして40代の女子会となると、リア充アピールが多かった20代30代とは内容が変化し、もっとディープになる傾向があります。

例えば、2年くらい前に行われた4人の同年代の女子会で、話題のキーワードだけメモしていたのですが、それがかなり殺伐としていました。

「老眼　近く見えなくなる　白髪　見えない　年をとったら拡大鏡買え　マンションのいじめ　浮気されまくる　女性の手紙が出てくる　男なんかクソ　70代女性　早く夫に死んでほしい」

この時どうしてこんなダークな話題になったのか細かい部分は忘れたのですが、たぶん参加者の1人が男性に浮気されたとかで、男性は信じられないという話の流れになっていったのだと思います。お互い慰め合い、友情を確認した女子会でした。

人生の試練をアピール

大人の女子会は、ヤング女子会と違って、逆マウンティング状態というか、幸せより人生の試練をアピールしたくなる傾向に。

不運や試練を乗り越えた人はリスペクトされます。SNSで表面的な幸せを投稿している反動、という面もあるかもしれません。

例えば、ちょっと前に会った年上の女性からは、男性不信をきっかけに美容整形をしまくっていると告白されました。

二重など簡単な手術はチェーンの安い美容整形クリニックで、リフトアップなど難易度の高い手術は銀座とかの高いクリニックで行うと良い、などの豆知識を伝授してもらいました。

また最近、久しぶりに会った女友達との会合では、親の介護やお葬式、猫の病院通いといったそれぞれの苦労を語り合うことで、不思議な一体感が得られました。お互い大人になったからか、友人の噂や悪口といった話にはならず、そのかわりにイギリス王室と日本の皇室のご結婚問題について語り合いました。大人女子会で人気の話題のネタが王室・皇室トークです。自分とはまったく関わりのない世界の話だからこそ気軽に取り上げられて、適度に盛り上がります。

リスペクトがあればポジティブなひとときに？

いっぽう大人の女子会はピースフルな空気ばかりでなく、緊張感が漂う会もあります。ある会に参加したら、業界歴の長い女性が皆に「パイセン」と呼ばれて立てられていました。

「パイセンの持ってきたお酒、すごいおいしいです！」

「パイセン、さすがです！」

「視点が違う！」
とあからさまにヨイショされていましたが、パイセンはメガネの奥から一同を見回し満足げでした。仕事で関わりがあるグループなので、力関係を保ちつつ、和を乱さないように気を使っている感じです。

私もつい同調して、その初対面の女性をホメたりしていましたが、高校時代に戻ったかのような女子グループの空気が久しぶりでちょっと新鮮でした。

好きだった海外ドラマ「ゴシップガール」を思い出しました。女子会に1人ボス的な存在がいると、話題がその人中心になりがちです。たまにはこんな女子会も空気が引き締まって良い刺激になります。プレイだと思えば楽しい時間に。

意識が高すぎる女子会も緊張します。仕事で活躍している美女2人との会食で、お酒が入るにつれて1人の女友達が格言を連発。

「何を教えられるかより何を学び取るか。転んだ先に何かある」

「その人にしか持ち得ない荷物がある。大きい荷物持てるから偉いわけじゃない。人は　その時の状況しか見ない」

など、思わずメモ。以前から頭が良いと思っていましたが、酒の席で放たれる格言に脳が追いつかず、話題に置いてきぼりに……。

彼女はもう1人の美女と、意識が高い同士、意気投合し「素直さが良い」「人脈がすごい」と、お互いほめ合っていました。私のレベルが達していなかったのか、以来誘われていないです……。

個人的にそんなにアウェイと感じず、わりと居心地が良いのはスピリチュアル系のトークです。大人女子会の1割くらいはスピ系の話に落ち着く印象があります。

先日の女子会では、エジプトの遺跡や猫の癒しのパワー、宇宙などの話で盛り上がり、「猫は宇宙から人間を癒すためにやってきてくれた存在だと思う」と言ったら、賛同してもらえて嬉しかったです。


大人になって思うのは、20代30代の時は人としてかなり未熟だったので心の中で対抗心がせめぎ合ったりしていたのが、今はその時よりは寛大に、友人の幸せを喜び、不幸に思いを寄せられる、ということです。もうどんな女子会でも怖くありません。リスペクトがあればポジティブなひとときに……。

このたびの教訓

大人の女子会ではＳＮＳでは見せない人生の裏面を見せ合うことで友情が深まります。

20代30代の女子会は牽制の空気になることも
好きにさせる方法ってだいたいわかるじゃないですか
20代
わかる。私もそういう時代あった
30代
○△さんにはかわいがられてて…
ふーん
40代以降は共感し合う女子会に
白髪どうしてる？
私はトイレが近くて
老眼で見えなくて…
女子会での余計な気疲れやストレスを受け入れる余裕はもうありません…

その3

同調圧力のかわしかた

異業種交流会の落とし穴

入り交じる、あやしげな業界人

数年前、自信をなくして運気も低迷気味だった時期がありました。当時のメモ帳を開くと「異業種交流会ほど恐ろしいものはない」という走り書きが。「行き場のないギラギラ感」とも添えられています。

人間関係がテーマのこの本ですが、異業種交流会の危険について、メモをもとに当時の記憶を呼び起こしてみます。

知人が開催したその異業種交流会は、アート系の人や商社の方、お医者さんなど幅広い方々が参加していました。なんとなく社交したい気分だったので参加。行くまで住所を間違えて数十分道に迷ったのは何かの警告だったのでしょうか……。

そして遅れて会場に到着。その時は銀座ＳＩＸがオープンしたばかりで、商社の女性とインバウンドについて会話したり、歯科医の人にインプラントについて聞いたりしました（入れるのはそんなに痛くないそうです）。

　異業種交流会では、雑談力が鍛えられるという利点もあります。

会には、あやしげな業界人も入り交じっているようでした。本当かどうかわかりませんが、「オマーンで石油関係の契約をした」と語る男性がいました。それも「5500億円の契約」だそうです。すごいですね、というしかありませんでした。その男性はあいづちが「まさにまさに！」と、やたらオーバーなのも気になりました。

　そんな中、積極的に名刺を渡してくれた方々が。

　1人は「ハーブで感謝と幸せがあふれ、会社の業績もアップしました」と語る男性。ハーブに詳しくて、今度お話を聞かせてくれるとのこと。

もう1人の女性は、量子力学のセミナーがあると告知してくれました。量子力学で幸せになれるそうです。その時私は、自信がなく心にスキがあったので、量子力学セミナーやハーブについてのお話を聞きに伺うことを約束してしまいました。

あの、ベッカムも飲んでいる？

まず、ハーブに詳しい男性との会合です。40代後半くらいの、地味な雰囲気の男性。私もハーブが好きな方なので、何か学べることがあるかもしれないと楽しみだったのですが、レモンバームだったりカモミールだったりハーブの名前を出してみましたが、反応が薄いです。というかあまりご存じない様子。そして失礼ながら目つきがちょっとやばいような……。ギラギラしつつも半分死んでいるみたいな鈍い光が宿っています。その男性は、Ａ５サイズの小冊子を出してきました。

「これはすごい体に良いサプリです。Ｌ-アルギニンと一酸化窒素が、美容と健康に効果があるんですよ。このノニジュースは、ベッカムも飲んでいるそうです」

アルギニン？　ノニ？　ハーブとあまり関係ないような……。というかパンフをチラッと見た限りでは、マルチっぽいです。商品パッケージのデザインにもあやしさが漂っています。値段も高くて、勧められた1ヶ月ぶんのセットは32万円もしました。

「大きな声で言えないけれどガンも治るらしいですよ」

その男性は、サプリを飲んだ効果として、自分の半裸の筋肉写真を見せてきました。「今度検討します」とパンフだけもらって、さっさとその場をあとにしました。

量子力学で潜在意識にアプローチ

そして別の日は、量子力学のセミナーです。こちらは誘ってくれたのが女性だったのでちょっと安心感がありました。昨今、引き寄せの法則と量子力学のコラボがさかんですが、こちらのセミナーも、量子力学で潜在意識にアプローチし、願望成就させる、といった内容のようでした。一見普通っぽい若い男性が自信にあふれた口調で講義。

「潜在意識を体感すると望み通りの人生になります。僕もサラリーマンだったのですが、物理性心理学に出会い、人生が変わりました。このようにセミナーを開けるようになりました」

このセミナーは成功の証だったようです。価値観は人それぞれです。

「宇宙の次元はマトリョーシカのようになっています。意識も同じです」

「量子のもつれという原理があり、1つの存在には2つの矛盾する性質が互いに補い合い、陰陽のように実在しています」

　などと、その男性は小難しいことを語っていて、数十人いる参加者は皆感銘を受けたかのように「へぇー」「すごい」と、うなずいています。

　後半は、大日如来の話や、「すべてを生み出す神のエネルギー」といったスピリチュアルな方向に。すべては素粒子で、波動に影響するので、ポジティブな思いや言葉が重要、だそうです。どこかで聞いたような……。

　そして「宇宙にはエネルギー等価交換の法則があります」と本題っぽい内容へ。引き寄せの法則は自分が発信したものしか得られないので、それよりも潜在意識にアプローチした方が良いそうです。

「自分に肯定感を持つことです。自分にありがとう、と言いましょう。目標を設定するのではなくゴールを設定し、ワクワクすることをやりましょう」

　前の方に座っている十代の女子など「こんなこと学校でも教えてくれなかった」と感化されているようです。ありがちだったかもしれませんが、改めてこうした場で聞くと妙な説得力がありました。

最後に、誘ってくれた女性がA5サイズの薄いパンフを持ってきて、デジャヴというかフラグが立っていたのですが、開いたら数十万円の美顔器のカタログ。

検索したらこちらも、勧誘した人にマージンが入るマルチのようでした。体験会に行ったら美顔器のローンを組まされたり高いコスメを買わされたりという……。しかも肌に良いとか言って、勧誘してきた人は肌荒れしていたような……。こちらも「検討します」と言ってスルーしました。


このように参加した異業種交流会を発端に週に2回もマルチの勧誘に遭ってしまいました。不安だったり心にスキがあった自分にも責任はあります。話しかけられた時点で、こちらの自信なさげなオーラを見抜かれていたようです。

今回、異業種交流会は石を投げるとマルチに当たる、ということに気付かされ、良い勉強にもなりました。

大人になると、人と知り合うシチュエーションは様々ですが、とくに何の共通点もないのに、見ず知らずの人が積極的に近付いてくる場合は、警戒した方が良いかもしれません。でも、話のネタとしてはおもしろい経験なので、余裕があったら相手をするのも一興です。

このたびの教訓

異業種交流会ではスキを見せない。

異業種交流会で知らない
人が近付いて来たのですが…
セミナーぜひ来てください
ハーブで幸せになれます
マルチ商法でした
東京って怖いです
しかも一回話を聞いて
から一切連絡がない
という…お金ないと
思われたのでしょうか？
それはそれで淋しいです

ネットでの理想の死

老後のためのＬＩＮＥグループ

ＬＩＮＥのグループは老後のために入っている、というところがありました。

老後、孤独を感じることがあるかもしれない、そんな時はＬＩＮＥ（数十年後も存在していれば）のグループの友人たちに連絡を取って集まれたら……。時々会う友人の集まりのグループＬＩＮＥ、数は少ないですがいくつかあって、それを心のよりどころにしていました。でも、最近気付きました。ＬＩＮＥグループは生き物で（緑色なので植物のイメージ）、ケアをしないと枯れてしまう、ということに。

アプリを開くと、ほとんどのグループが数ヶ月以上何の書き込みもない状態です。最後の発言が自分で、誰も書かないまま放置されていることも多いです。もはやグループの数だけ淋しさがある感じです（複数人のグループだけでなく、音信が途絶えた1対1のトークルームも

合わせるとかなりの寂寥感が）。

同窓生とのグループで、そのうち１人の出産祝いを書き込んだのに誰も無反応とか。新宿でよく集まっているという人たちのグループに入れてもらったのはいいけれど、私が入ってから書き込みが止まったとか、おしゃれイベントで知り合った女子２人とグループを作って一回食事に行ったけど、その後グループの書き込みが途絶えたとか。スワイプさせて枯れてしまったグループを眺めていると、切なさで胸がつまります。

１年以上誰も発言してないＬＩＮＥグループに書き込むのはハードルが高すぎです。何かの宣伝かマルチの勧誘だと思われるかもしれない……。そんな逡巡があって、何もできないままです。

生存確率は10分の1

グループに関して、もっと軽く捉えた方が良いのかもしれません。

このところ、カフェなどで若い世代の交流

を見ていると、一緒に写真を撮り、お互いほとんど会話せず、その写真をＬＩＮＥやインスタにアップしまくる、という時間の過ごし方が増えているようです。

笑い合ったり、「かわいいね」というくらいで会話らしい会話は聞こえてこず、もう進化した現代人は言葉を卒業し、ビジュアルイメージでやりとりしているようです。

以前、私もそのような、写真のみのＬＩＮＥコミュニケーションをする機会がありました。5～6人の集まりで、集合写真など何枚かシェアするため、その場でＬＩＮＥの名前やＱＲコードを交換。

そして全員一つのグループにまとまり、写真が何枚かアップされました。するとその写真をダウンロードした人から、次々とグループを退出。そういう風習なのかと思い、私も急いで退出したので、メンバーの連絡先がわからなくなってしまいました。一期一会であとくされない感じでした。

先日は、女性2人とお茶や散歩をしたのですが、カフェに移動するやいなや写真アップタイムに。さっき撮った写真を無言でお互いＬＩＮＥに投稿し、ほぼ会話がないまま解散しました。これが最近の若い女子の風習でしょうか……。

Wi-Fiもない場所で写真を10枚くらいアップしている女友達の経済力に敗北感が。そしてそのあと、予想通りグループのトークは途絶えました。

グループが枯れる原因の一つに、「グループを作っただけで満足」という人がいることが考えられます。先日、初対面の人も含めて女性７人くらいでお茶をして、リーダー的な女性が「ここにいる皆でグループ作らない？」と提案。

「グループが増えすぎるのがイヤなので私はいい」と潔く断った人以外でＬＩＮＥグループを結成。しかし「今日はありがとうございました～」的なお礼の言葉で書き込みが止まっています……。

時々、その場でいる人でグループを作りたがる人がいますが、先日はなぜか入りそびれて私だけ誘われないという「ＬＩＮＥハブ状態」に。瞬時にＱＲコードが出せる瞬発力と積極性が必要です。

心のよりどころだったＬＩＮＥに、気付いたら心が振り回されていたような状態でした。

そんなある時、プチトラブルが発生。２つあるＩＤのうち、iPadで使っていたＬＩＮＥのＩＤが突然消えてしまったのです。そのＩＤは以前使っていた携帯の番号にひもづけられていました。２年程前に電話自体は解約してしまったのですが、おそらく同じ電話番号を誰かが取得し、ＬＩＮＥに入ったのだと予想されます。

その瞬間、消滅したのでしょう。同じ電話番号の人は、世界に２人存在できないのです。ＳＦのようですが、とにかく私のＩＤはこつ然と消えてしまいました。そして学生時代の友人のＬＩＮＥグループからも姿を消したのです（たぶんUnknownになってからひっそりと退出）。

そのグループに入っている女友達と会った時、「最近、グループのトークが子育ての話ばかりで入れなくて……」と言われました。「そのやりとり知らない。たぶん私のＩＤが消えちゃったから」と言うと「うそ、全然気付かなかった！」と……。

グループからいなくなって１ヶ月ほど経ったのに誰も気付かなかったらしいです。淋しいと同時に自分の存在感の薄さを痛感。

でも、心のどこかで解放感を覚えていました。ＬＩＮＥで姿を消したように、いつの間にかいなくなるのが、ネットにおける理想の死かもしれません。「あれ、○○さんいなくない？」「そんな人いたっけ？」といった会話を妄想し、切なさに浸りました。

今は、あの世からＬＩＮＥのトークを見下ろしているような感覚です。ＩＤ消失で死の疑似体験ができました。

このたびの教訓

ＬＩＮＥのグループは、植物のようなもの。
会話という肥料を与えないと枯れてしまう。

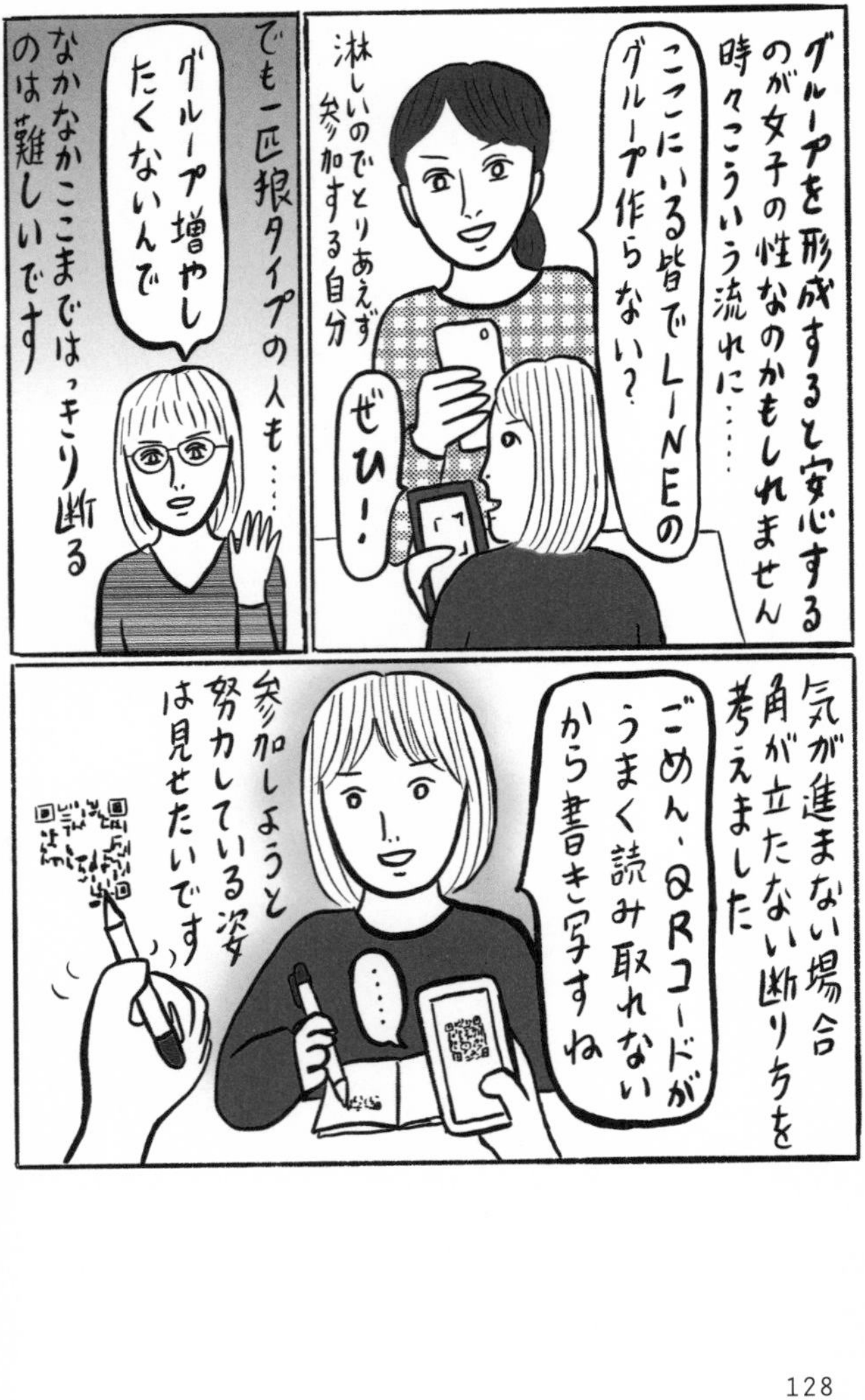
グループを形成すると安心するのが女子の性なのかもしれません
時々こういう流れに……
ここにいる皆でLINEのグループ作らない？
ぜひ！
淋しいのでとりあえず参加する自分
でも一匹狼タイプの人も……
グループ増やしたくないんで
なかなかここまではっきり断るのは難しいです
気が進まない場合角が立たない断り方を考えました
ごめん、QRコードがうまく読み取れないから書き写すね
……
参加しようと努力している姿は見せたいです

花見のたしなみ

過去の記憶をたどってみると……

3月下旬になると、ニュース番組でさかんに桜の開花状況について報じられ、お花見に行かなければならないような圧を感じます。そして、年々誘われなくなっているという現実に薄々気付かされます。花見という風習はもうなくなっているのでは？　と思いたくなるほど誘われません。

しかし、過去に参加したお花見がすごい楽しかったかというと微妙です。過去の日記をさかのぼり、お花見についての記録を探しました。

２００４年の花見——一抹の孤独感

例えば２００４年の、女子校時代の友人とのお花見。29歳で、まだ中高の同級生とよく会っていた頃です。

最初に乾杯した時自分のグラスが誰とも触れ合わなかった、というところに一抹の孤独感を覚えた宴の席。

ちょうどキラキラしている同級生にコンプレックスを感じる時期だったのですが、生徒会長で東大から外資系コンサルタント会社に入った同級生が公園で偶然会った外国人の上司と英会話をしている姿に圧倒されました。

そして「トリビア大会」が始まり、１人１つトリビアを発表することに。

「山口県のガードレールは夏みかんにちなんで黄色」「カボチャの語源はカンボジアから来ている」「ウーパールーパーはメキシコの首相が日本にプレゼントするため急遽名前を付けた」「キリンはハトを食べる」「タイ語で『キレイ』というのは醜いという意味」と、次々と同級生からトリビアが出てくるので驚きました。

私が言ったトリビアは「水前寺清子の動物占いはチータ」という、他の人と比べると薄い情報でした。

劣等感を覚えたお花見の思い出でしたが、何か企画があると間が持つのは良いです。20代の頃は皆元気で、お花見の企画を考える気力があったのでしょう。しかし大人になると花見といえば、ダラダラと続けるというものがほとんどです。

２００９年と２０１０年の花見 ―― さらなる孤独とアウェイ感

２００９年のお花見は、去年まで誘われていた花見の会に、自分だけ呼ばれなかったことを誰かのブログで知り、ショックを受けました。

「誰も来ない孤高の姥桜《うばざくら》　目黒川は簡単に渡れても　人と人の間に流れる川は越えられない……」といったポエムをブログに書いた黒歴史が。

ＳＮＳの時代は、さらに自分が呼ばれていない花見の楽しげな写真をフィードで見せられることになりそうです。

２０１０年の同級生とのお花見は、自分以外お子さん連れだったのでアウェイ感に浸りました。一緒に写真を撮ったらかなり淋しい感じに写ってしまいました。桜の下で写真を撮るとなぜか顔色が悪く写ってしまいがちです。天候が曇り気味だとなおさらです。

野外で気温が低いということも影響しているのでしょう。あとから写真を見返して切なくなります。

お花見は、実は難易度が高い宴会なのかもしれません。コミュ力不足な私にとって、花見のデメリットはというと……。

帰るタイミングがわからない

行ったはいいけれど、顔を出してすぐ帰るわけにはいかず、手持ち無沙汰のまま居続けてしまいます。途中で帰ると後片付けをしない人みたいなイメージを与えてしまいそうで……。

ただ10人以上の大人数の花見なら、他の参加者と入れ替わりでさりげなく帰れます。

手土産に気を使う

安すぎても高すぎてもいけないし、手作りの料理が喜ばれるのか、スナック菓子がいいのかも、その場の空気を見てみないとわからないです。

以前の上野公園で若者グループが花見の精算をしていたのですが、「俺は唐揚げ3個しか食べてないから!」と主張したりして、若干モメていました。

見ていないようで誰が何を持ってきたとか、どのくらい食べたとかチェックしている人がいるのかもしれません。

寒い

３月はかなり寒いし、４月もまだ油断できない気温です。２０１９年はとくに「令和」という言霊のせいでかなり冷え込んだような……。

こうなると、着いた瞬間から早く帰りたいという気持ちが心を占めることになります。

きっと自分だけでなく他の人も同じでしょう。解散しようか、とか、場所を変えませんか、と誰かが言い出すのを皆待っています。

お酒を飲めば暖かく感じるかもしれませんが、そのあと公園で寝入ったりしたら命の危険が……。

いっぽう花見に誘われない人は、寒ければ寒いほど、（花見の人は大変だろうな……）と同情したり、心の中で安堵したりします。

そもそもたどり着けない

代々木公園でのお花見に参加しようとしたら、何万人も人がいて結局、知人がいる場所にたどり着けなかったことがあります。

公園内は目印がほとんどなくて、こんなにたくさん人がいても知り合いが見つからない厳しい現実に直面。

そんな中、やっと巡り会えたら、奇跡的な思いで友情が盛り上がりそうです。

令和の時代の宴

お花見に誘われないけれど、誘われたら誘われたでどうしていいかわからない、そんな人にとっておすすめのスタイルは「歩き花見」です。

例えば東京の目黒川沿いは、桜の木がずっと植えられていてかなりの名所ですが、立ち止まったりシートを広げて宴会する場所はありません（店に入れば別ですが）。

そのため目黒川は、食べ歩きするか、ただ歩いて桜を観賞する歩き花見になります。それがなかなかストイックで、時間もそこまでムダにしないという利点が。

目黒川以外に、六義園や皇居の乾通りなど、美しい公園を散策しながら花見、というのもおすすめです。シートに座って宴会するのだけが花見ではありません。

「花見をしている人々をカフェから眺める」というのは今年初めてやってみた新たな花見です。寒かったのでカフェに避難しただけなのですが、冷たい風の中、果敢に花見をする人々の姿を眺めました。

隣の老夫婦も同様に、暖かいカフェから若者の花見姿を観賞しているようでした。花見の現場に行き、アウェイ感を覚えたり、会話に入れなさそう、と思ったら、近くのカフェから花見に間接的に参加するのも良いでしょう。

そして「令和」という時代が、花見に変化をもたらすかもしれません。万葉集に書かれた

「梅花の宴」にちなんでいるそうなので、新しい時代は花見といえば桜よりも梅、という風潮になってきそうです。

梅の季節といえば2月前後で極寒です。物好きな人か、遺伝子的に寒さに強い人でないとお花見できません。ついにお花見の同調圧力や、誘われない悩みから解放される時がくるのでしょうか。

このたびの教訓

宴会している人にも、ぼっちの人にも、桜の花は平等に咲いていてくれている。

（一人、公園で桜を眺めている時に桜から受信した言葉です）

今年の花見シーズンの週末は寒かったです
東京
名古屋
大阪
山口
最低気温は8度で…
お花見の人寒くて大変だろうな…
と、快適な屋内で誘われてない花見に思いを馳せたりしがちです
先日は知り合いのお花見に行き、シートには座らず近くのカフェへ
寒いので失礼します
ピューー
暖かいカフェから花見を眺めて参加した気分に……
風強そう…
花より団子より健康第一です

14年ぶりのセレブパーティ

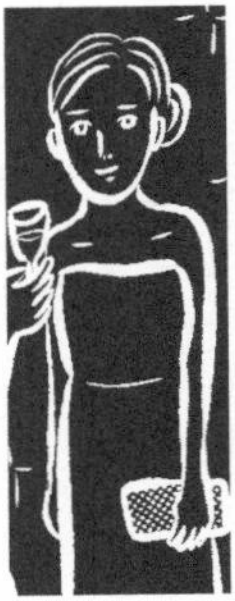

衝撃

２００５年、30代になったばかりの私は、緊張しながらそのセレブなチャリティーパーティに参列しました。「子供地球基金ファンドレイジングパーティ」という、収益が世界中の子どもたちのための支援活動に寄付されるという主旨の催し。

「子供地球基金」は１９８８年に創立され、病気や戦争、災害などで心に傷を負った世界中の子どもたちへ画材や絵本を寄付したり、アートワークショップを開催しているというすばらしい団体で、代表の鳥居晴美さんは２０１８年のノーベル平和賞の候補（約30人のうちの１人）にもなられました。

一流ブランドや有名人が活動を支援していて、チャリティーパーティもかなり華やかです。

２００５年に会場のグランドハイアットのグランドボールルームに伺った時は、日本にこんな貴族の方々がいらっしゃるとは……と衝撃を受けました。

完璧に手入れされた背中を露出したドレスのマダムや、宝石をきらめかせた上品な白髪の老婦人、上質な絹の着物をまとった若い女性、ドレスに毛皮を羽織った婦人、タキシードにブラックタイの紳士たち……。

「外苑前のヨガのスタジオ、行かれたことあります？」

「外苑前は遠いですね。もっと白金あたりにできればいいのに……」

といった会話に衝撃を受けました。

たぶん皆さん港区からほとんど出ないライフスタイルなのでしょう。

その時私は原宿で買った1万5000円くらいのワンピースを着用。髪型だけはヘアサロンでセットしていましたが、それでも格差を感じたものです。会場に飾られている世界各国の子どもたちの絵が心の癒しで、自分の身に着けているものの中で最も高価な歯の詰め物（20金＋プラチナ）に意識を集中したものです。

着物のマダムに「あなた、本当はもっと笑いたいんでしょ」と励まされたり、会話を終わらすには「どうぞ、さめないうちに」と料理に意識を向けさせるという話術を学んだり、数時間の間に貴重な体験をさせていただきました。

同じパーティに再び参加

それから14年ほどの月日が経ち、その間もすばらしい慈善活動を続けていた鳥居さんのお計らいで、同じパーティに参加する機会に恵まれました。

「子供地球基金ファンドレイジングディナー　２０１９」で、会場は同じグランドハイアットです。

その空間で、前回参加してから今まで、上流階級に憧れながらも努力していなかった自分を痛切に感じ、反省することになりました。

というか前回よりもクラスダウンしてしまったかもしれません……。

まだ開場する前で、ボールルームの前の空間には、14年前と変わらぬ華やかな富裕層の方々が集っていました。

ロングドレスで肩を出した美女たちに、雅な和服の女性、タキシードの紳士たち……。鹿鳴館にタイムスリップしたかと思うほどでした。

そして私は瞬時に自分の場違いな出で立ちを自覚しました。これはいかん、と……。

その日適当な服がクローゼットの中から見つからず、とりあえず新しめのワンピースを着用。茶色に花柄のデザインですが、とにかく生地感がペナペナでプチプラオーラが半端ないです。他の鹿鳴館セレブの方々のドレスは10メートル先からでも高級感が伝わりますが、その逆で化学的な光沢感が遠くからモロバレです。

時計を見たら開場まで20分……そしてここはアパレルショップも多数入っている六本木ヒルズ。行くしかない、ということで決心し、ヒルズ内を走りました。

向かった先は……困った時のＺＡＲＡ！

ちなみに最初着ていたワンピースもＺＡＲＡだったのでＺＡＲＡからＺＡＲＡへのチェンジです。

ただ一応ＺＡＲＡの中でも高そうに見える生地のグレー系のワンピースを選び、店員さんに「着て帰ります」と告げて試着室の中で数分間で早着替え。

若干汗ばみましたがドアオープン5分前には、ボールルームに到着し何事もなかったように着席できました。

今回服2着で1万６０００円くらいで、偶然前回と同じくらいの予算となりました（1着で考えると半額にランクダウンした説もありますが……）。

おかしなテンションに……

早着替えを達成した満足感で、パーティの間、おかしなテンションになってしまいました。冷静さがなくなって、円形テーブルの自分の側ではない水やバターを取ってしまい、足りなくなって混乱が生まれたり、マナーもやばかったです。

ステージでは主催者の挨拶とグランドハイアット総支配人の乾杯の挨拶に続き、ヴァイオリンユニットＴＳＵＫＥＭＥＮ（メンバーにさだまさし氏の子息というセレブが）のライブ、マリンバや少年ピアニストによるピアノ演奏、コントーショニスト（軟体芸人）のパフォーマンスなどが行われ、優雅な時が過ぎていきました。

料理はホタテとズワイガニとブラックタイガーのタルタルにキャビアがあえられた一品や、栗とバタースカッシュのリゾットにフォアグラのソテー、牛フィレ肉のローストなど……。

富裕そうな方々は肉を好まれ生命力を高めているのかもしれません。そして前回は席を立って果敢に人に話しかけたりして社交していたのですが、年齢感のせいか立ち上がる体力がなくて同じ席に座ったまま……右隣の紳士と会話したくらいで、「義両親が今イタリア旅行中で……」という会話の断片からも瞬時にセレブ感が伝搬してきて、こちらから提供する話題が思い浮かびませんでした。

陰謀論や天皇家の噂で盛り上がった友人のホームパーティが恋しいですが、セレブパーティではそれなりの格調高い話題を持っていないと厳しいです。前日までに和の文化をたしなんだり人脈を作ったり、準備が必要でした。同じテーブルに日本舞踊関係の和服の超美人がいらして、こんな人生だったら……と思いを馳せました。ちなみに応募していたラッフル（抽選）には外れてしまいました。

オークションにプチ参加

開き直ってパーティを楽しむしかないと思い、後半のオークションにプチ参加。

出品されたのはワイングラス、モエ・エ・シャンドンのシャンパン、ブランドのアクセサリー、ブルガリレストランのお食事券、ＦＥＮＤＩのバッグ、香港のレストランでのディナト券、千住博画伯の絵画、西陣織の帯、ショパールのペンダント、ゴルフアイアンと青木功サイン入りグッズ、グランドハイアット宿泊とダイニングとエステ券、などかなりゴージャスなラインナップです。

　オークションの司会の男性がかなりプロで

「8万円、8万円、8万円、もう一声！」

「26万円、26万円、もうやめちゃう？」

などと会場を煽って乗せるのがうまいです。

　生々しいのが美容皮膚科の10万円分施術チケットでマダムが競り合っていました。次々といい値段で落札。そのお金がチャリティに回されます。

　そのオークションでやってみて楽しかったのが、20万、30万と値上がりする品物に対して2万円くらいの時にさっと手を挙げて下ろす、という行為です。

　絶対その額で落とされることはないし（そうなったら破格すぎるので）、一瞬だけでもオークションに参加したい人におすすめです。何度かパッと上げて下ろす行為をくり返し、司会者に見つけてもらったりして承認欲求とスリル感が得られました。

　もう自分は、オークションに参加したひとかどのセレブみたいな気分です。一人でテンションが上がりましたが、周りの人々の目はちょっと冷たかったかもしれません……。

セレブなパーティでは外見や、一挙一動にふだんの生き方が出てしまいます。

次回こそは……とリベンジを心に誓いましたが、現状より下がらないよう気をつけたいです。

このたびの教訓

セレブパーティは人よりも自分の現実がよく見えます。

パーティ会場に着くや否やドレスコード
（というか人生コードも）を満たしていないことに
気付き、ZARAにダッシュ
これは……
そして早着替えで高揚
オークションでは安値の時に一瞬手を挙げて
即下ろすという一人遊びに興じました
パッ
2万円、2万円
2万円……
不思議とやり切った感に満たされました

その4

コロナで変わった人間関係

地球の浄化か、人類への試練か

ソーシャルディスタンス

ここ数ヶ月で、こんなに人と人とのコミュニケーションが変化してしまうとは……。

新型コロナウイルスの世界的なパンデミックで、「ソーシャルディスタンス」という言葉も生まれ、物理的にも距離を取ることが推奨されています。

イタリアでは、キスやハグの挨拶を禁止する法令が出され、アメリカでは握手をやめて肘と肘を打ち合わせたり、足で足を触ったりするフットタッチという挨拶が編み出されたとか。そこまでしてタッチしなくても、と思いますが、日本式のお辞儀は比較的安全だということで、欧米でも注目されているようです。

握手がないと人間関係が円滑に進まないというのが欧米人の考えでしたが、「今後も握手するつもりだ」と言っていたイギリスのジョンソン首相が陽性になってしまった事実を踏ま

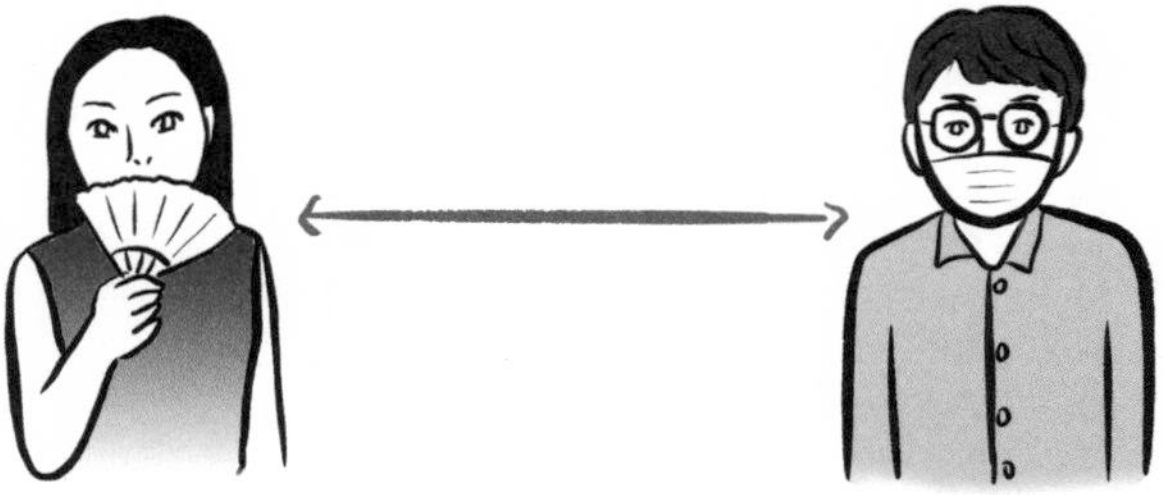

え、考えを改めなくてはならないようです。
コロナ対策がスピーディだった台湾では、握手代わりに「拱手《きょうしゅ》の礼」という、中国の時代劇に出てくるこぶしを手で包んでお辞儀する方法が広まっているそうで、世界中で挨拶のしかたも変化してしまいました。
パンデミックがおさまったら、乗り越えた感動と共にハグや握手の風習が帰ってくるのでしょうか。

「インフルエンサー」は何かの予兆だった？

また、大きな変化といえば、リア充ライフの封印ということでしょうか。海外旅行したり、飲み歩いたり、ライブやコンサートに行ったり、パーティに出たり、カラオケで騒いだり、合コンしたり、クラブで遊んだり、といった享楽的で楽しい行為がほとんどできなくなってしまいました。

この期《ご》に及んで遊び歩いている人は非難の目で見られると

いう、「一億総風紀委員」状態に。ちょっと前までパーティに出たりして多額のギャラをもらっていたインフルエンサーは、しばらくおとなしくしているしかなさそうです。

今考えると「インフルエンサー」という業種がここ数年やたらもてはやされたのも、何かの予兆だったのかもしれません。でも、全世界の人が一時的に皆ストイックになって身を慎むのは、これまでになかったことで、地球の浄化にはなっていそうです。

経済活動が止まったことで、ヴェネチアの水路の水質がきれいになったり、大気汚染で空が真っ白だったインドに青空が戻ったり、星空がよく見えるようになった、という話も。お花見の宴会も自粛になりましたが、桜の木々はライトアップで人工的な光を当てられなくなって喜んでいるような気がします。

今回のウイルスで、今まで見えていた世の中の富や繁栄は、すべて幻だったのではないか、そんな空即是色な思いになりました。人類を成長させるための試練なのでしょうか……。

根底にある「他人への不信感」

でも、人類が目覚めるまでは毒出しのような現象も。

最初アジアで疫病が始まった時、欧米人のアジア人への人種差別意識が露《あら》わになったり、同じアジア人同士でも責任を押し付け合ったり、混沌としてしまいました。

さらに、若者と中高年の対立、東京と地方の分断、安全な場所に逃げる富裕層への怒り、と様々な分断や不和が生まれて殺伐としています。

その根底にあるのが、他人への不信感なのではないでしょうか。感染しても無症状の人がいるので、誰がかかっているかわからない状況で、人と会う時には相手にうつされないか心配になってしまいます。自分以外信じられない、いや、自分すらも信じられない状態です。また、道で知らない人とすれ違う時も、その人がマスクをしないで大声で会話していただけで敵意がわいてきたり……。

人間関係でネガティブな感情がわき起こりがちですが、ウイルスはネガティブな人に引き寄せられる説もあるので気をつけたいです。咳をしている人を睨んだりせず、いたわりの気持ちを持つようにしたいです。心までウイルスに染まらせたくないものです。今のように感染した人数を数字だけで報じていると、クラスターや感染者について忌避や嫌悪の感情ばかりわいてしまうのも問題です。

先日、中国の研究で、コロナから回復した人の血液から血漿《けつしょう》を抽出し、重症患者に輸血したら症状が改善したという情報を目にしました。かかった人の血漿が救いになると思えば、感染者を忌まわしがる空気も軽減されるのではないかと願っています。いつ自分がそうなるかわからないので……。

ウイルスが消えたあとの世界

外出自粛や複数の人と会う自粛が出る前は、たまに何人かの友人、知人と会う機会がありました（それでもかなり機会が減っていましたが……）。

最初は一抹の不安があり、会話でさりげなく最近の行動を探ったりして、海外渡航歴があったら警戒したりしていました。ある会議でお医者さんと会話した時は、患者さんとどのくらい接触しているか聞いて、基本、直接触ったりしないとのことでホッとしました。海外から帰ってきたという女友達は、サイキックの人から「あなたは絶対に疫病にかからない」と言われたそうで、安心して会食しました。

そうやって少数で集まると、このような非常時なので、お互い同じ悩みや不安を持つ者として距離が縮まった感じがします。それぞれコロナに効くと言われているものの情報を交換し合ったり、数ヶ月前はコスメの話題を情報交換していたのが異次元のできごとのようです。柑橘類が良いとか、豚肉はあまり食べない方が良いとか、アオサが良いらしいとか、どこどこにトイレットペーパーが売っていた、とか様々な情報が飛び交います。

反対に、友人を疎遠にしかねないのがデマ情報です。

「同級生の甥が、修士号を取得して卒業し深圳《シンセン》病院で働いていて、そのあと武漢に転勤になりました。彼からの情報です」「友人の友人が幼稚園のママ友に政治家と太い関係の人がいて……」といったようなＬＩＮＥがいくつか回ってきました。

文体からちょっとあやしさがにじみ出ていたのですが、結局デマだったと判明。デマを教えてくれた人にそのあとうやむやにされると、しばらく心のどこかに引っかかってしまいます。やたら長文の、おかしな文体のメールが来たらすぐに転送せず、検索して情報収集した方が良さそうです。

人間関係でポジティブな面といえば、お互い虚勢を張らず、悩みや苦しみをさらけ出しても良い風潮になったことでしょうか（時々まだ威圧感や虚栄オーラを漂わせている人がいますが……）。

今は戦争のような状態だと言われます。誰もが仕事が減ったり、収入が心配になっているご時世なので、人と会うと開口一番「何か影響あった？」と聞かれたり、「講演会がいくつか飛んで、子どもの塾の費用が払えないかも……」と、自分から窮状を打ち明ける人もいます。

近寄りがたく感じていた知人に「講演会の仕事がなくなって暇だからＬＩＮＥしましょう」と話しかけられたり、ＬＩＮＥグループでも「乗り越えましょう」と励まし合ったり、お互いさらけ出すことで絆を感じる場面が多いです。

こうやって少しずつ、不幸中の幸い的なポジティブな面を見つけていけば、免疫力も高まるのではないかと思います。ウイルスが消えたあとの世界が、きっと平和で人間の意識も進化していてすばらしい世の中になっていることを祈って……（それまで脱落しないようがんばります）。

このたびの教訓

ウイルスで露呈する人間関係の光と闇。
闇を引き寄せないよう、慈愛の心を発動したいです。

コロナによる人間関係の
変化といえば……
夢の中で友人知人と
宴会しました
お久しぶりです
その話をツイッターに
書いたら「私もです」
という報告が
イギリスのスウォンジー大学の
教授によると外出自粛の
影響でしばらく会っていない
人の夢を見る人が増える
かもしれないそうです
オンラインではなく夢で
飲み会が今後のブームに!?
経済効果はゼロですが……

「リモート飲み会」入門

この生活はいつまで続くのか

コロナウイルスによって、こんなに人と人との関係が変わってしまうとは……。

「ソーシャルディスタンス」という概念が広まり、会う人の数を8割減にすることを余儀なくされ、さらに感染拡大を防ぐために「新しい生活様式」なるものが専門家から提言されました。

密を避け、人との距離を保ち続けなければならない生活はいつまで続くのでしょう?

友人たちとカフェやレストランで集まって楽しくトークしていた日々はいつか戻ってくるのでしょうか。その節は何も気にせずお互いの飛沫を浴びまくっていましたが……。

初めての「Ｚｏｏｍ飲み会」

今は実際会わない「リモート飲み会」「Ｚｏｏｍ飲み会」といった新しい風習が生まれています。リアルの飲み会には出不精な私ですが、人とほとんど会わなくなってしまった今、たまに来るリモート会の誘いがありがたく、何度か参加させていただきました。

初Ｚｏｏｍ飲み会は、まだ平和だった頃、忘年会やホームパーティでご一緒していた同年代の友人グループ。

まず、家の中でWi-Fiの環境が良いところを探して、リビングの片隅の壁ぎわが電波が安定していることがわかり、床にしゃがんで参加することに。

本やＤＶＤを重ねてその上に台を載せ、iPadを設置していたのですが、低めだったのでまず画面に胸の部分が映るという見苦しい状態になってしまいました。友人に「胸をチラつかせている」と指摘され、後ろに引いたりして何とか顔部分を映しました。

しかし、現実の飲み会と違って常に顔を晒している、というのが緊張感あります。リアルな場は、誰かと誰かが話が盛り上がっている間、自分はふと他のことを考えたり、スマホやテレビを観たり気を抜けますが、オンラインの会の場合はテレビのワイプ内の芸能人のように常に顔の表情が映されています。

そんなに自分の顔を注視する人なんていないと思っても、画面の何分の一かを占めているので、常にリアクションしたり話に聞き入っている表情をキープしなければなりません。「Ｚｏｏｍ映え」という言葉も生まれましたが、初心者なのでそこまで演出できず、蛍光灯の下、自分の疲れた表情を晒すのも気がかりです。

オンライン飲み会は意外と疲れる、というのを実感。

ただトークの内容としては、皆非常事態で大変なので、ストレスや悩みを打ち明けたり、いつもより親密になれた気がしました。ストレスがたまった時は、クッションを顔の周りに３枚当てて叫んでいる、とか良い解決法を聞けました。

そして最大の利点としては、お店で宴を開催すると（お酒をあまり飲まない身として）「割り勘負け」が気になってしまいますが、リモートの会はそんなセコい心配とは無縁で、自分の家で好きな飲み物を用意すれば良い、ということでしょうか。だいたい、今のところハーブティーか白湯を飲んでいます。繁華街で飲み会して混んだ電車で帰らなくて良いのも気が楽です。

ただ、リアル飲み会だと「電車があるのでそろそろ……」と切り出せますが、オンラインだと終わるきっかけが難しいです。この会では、参加している夫婦のお子さんが眠くなったので、という自然な流れでお開きになりました。

二回目のＺｏｏｍ飲み会

二回目のＺｏｏｍ飲み会は、以前仕事で一緒だった若めの方々と5人ほどで開催。「お元気ですか?」という今となっては重みのある問いかけから始まりました。

30代くらいだとオンライン飲み会の機会も多いそうで、「幼なじみと飲んでいたら奥さんが参入してきたり、新しい知り合いが増える良さもあります」とのことでした。

参入といえば、あまり嬉しくないのが巷で話題の「Ｚｏｏｍ爆弾」です。セキュリティーをかいくぐって知らない人が乱入し、不適切な画像を送ってきたりするらしく、この時の飲み会参加の友人が経験あるとのこと。白人の少年たちが突然ひわいな画像を送ってきたそうです。それを聞いて、美少年がいたずらしてくるのならちょっといいかも、と思ってしまいましたが……。ほとんど会話がない気まずいＺｏｏｍ飲み会の場合は、話のネタになりそうです。

二回目のＺｏｏｍ飲み会では、外出自粛ライフの話題が盛り上がりました。むしろ健康的になって糠床《ぬかどこ》を作り始めたり、公園で運動しているという話や、リモートがテーマの仕事の新企画など。ただ漫然と過ごしている場合ではない、と刺激を受けました。「これを標準として生きていくしかないのかな」という誰かの言葉でしんみりした雰囲気に……。「何もしない時間が増えると自分が猫になった気分になる」という意見もあって、猫だと思えば少しポジティブに捉えられます。また、おすすめの除菌アイテムを紹介してもらったり、自宅からだからできることもありました。

オンラインの注意点としては、実際会っている時のように空気を読めないので、今、誰かが話したそうにしている、というのがわからず、話がかぶってしまいがちなところです。自分と相手の話が重なると声も聞こえないという……。食い気味にならず、間が空いた時にすっと話し出すようにしたいです。

そして皆、「Ｚｏｏｍ飲み会は時間が経つのが早い」と言っていました。たしかに気付いたらあっという間に3時間が経過。実はオンライン飲み会、楽しいのかもしれません。

現実からは逃げられない

三回目は、仕事でお世話になっている人との飲み会でした。ステイホームの間の食生活についてなどトーク。グラタンにレーズンを入れるとおいしいそうです。

相手の方は、最近おもしろかった動画を共有画面に出したり、新居の中を回って見せてくれたりして飽きなかったですが、もしかしたら間が持たなくて気を使わせてしまっていたのかもしれません。こちら側はバーチャル背景だしとくにおもしろい情報も提供できず……。リモート飲み会は、受け身ばかりではなくお互い楽しませようとする姿勢が大事だと学びました。

実生活では自分から友人を誘ったり会を企画しようとすると空回りしてしまいがちですが、オンラインでも同様の事態に見舞われました。Ｚｏｏｍ飲み会の楽しさが徐々にわかってきたので、無料のオンライン会議のサービスで自分の部屋を作成。友人グループにＬＩＮＥでＵＲＬを送って、今度どうでしょう、と誘ったら誰一人反応せず１ヶ月ほど経過しています……。

オンライン飲み会で調子に乗りかけた心が、我に返りました。どこに行っても現実からは逃げられません。この期間は誰よりも自分と向き合った方が良さそうです。

このたびの教訓

空気感染のリスクはない代わりに、空気が読みにくいオンライン飲み会。話し始めるのはタイミングが重要です。

切り上げるタイミングが
難しいリモート飲み会
終わらせるための
アイディアを周りの
人に聞いたら……
・「蛍の光を流す」
・スマホをずっと見出す
……
といったテクがあるようです
もっと穏便な方法は……
・目を閉じている
時間を長めにして
眠気をアピール
・謝りつつ自然に終了
長い時間
すみません
・オプションで自分の姿をだんだん
透明化できる機能が欲しいです
疲れたら
じわじわ
消えていく
そろそろ
この辺で
……

リモートワークの課題とは？

リモートワークの普及が進んでいます。そしてリモートワークに関するアンケート調査の興味深い結果もいくつか出てきています。

ラーニングエージェンシー社が人事・教育担当者対象に行った「新型コロナウイルス感染症の影響調査」によると、新型コロナウイルス対策としてテレワークを導入した会社が72・1％。その影響で、良い面は「育児・介護との両立がしやすい」「残業の削減」などで、逆に課題になっているのは「コミュニケーションの不足」「テレワークに不向きな職種・業務による不平等の発生」などが挙げられています。人事・教育担当者にとってコミュニケーション力を養えないのがリモートワークの課題のようです。

リモートは業種によって向き不向きがあり、インターパーク社が営業職に対して行った調査では、コロナウイルス感染拡大後も47・２％が会社に出社しているという結果に。その理由は、顧客管理システムや、Wi-Fi設備などの仕事に必要な環境が自宅にないことや、郵便物の受け取りや発送業務、顧客との商談で出社の必要があるからだそうです。このご時世に実際に会う商談は、お互いの飛沫を受け入れることで特別な連帯感が得られそうです……。

それでも69・６％の営業職が「今後テレワークを実施したい」と回答。反対に、テレワーク否定派で出社したい人の７割は40代以上、という結果になったようです。やはり今までのルーチンは崩せないし、会社は大切な居場所なので淋しい、という心理があるのでしょうか。「営業は会ってこそだから」「社内スタッフや部下とのコミュニケーションが取れない」「テレワークだとサボってしまう」といった否定派の意見が掲載されていました。たしかに会社の人に見られていないので、ついダラダラ仕事してしまう場合も。能力で査定される外資系だったら、緊張感が保てるのかもしれません。

いっぽう、Googleが、関東と関西のオフィスワーカー３０００人に聞いたアンケートでは、「テレワークを継続したい」が「継続したくない」を上回る結果になりました（継続したいが49・３％。続けたくないが23・１％。どちらともいえないが27・６％）。

テレワーク化が進んでいるのは、部・課長クラスや、30代、一定規模の従業員数をもつ企業に勤める人、だそうで、テレワーク率が低めなのは経営層・役員クラス、公共サービス、事務職、販売・サービス職という結果に。

経営者や役員は車で好きな時間に出社するのでリスクは低めですが、やはり一部の業種の恵まれたオフィスワーカーがテレワークに移行できているようです。インフラや販売・サービス職は日本を支えるためにも職場に出向いているという現実が見えてきます。感謝の念に堪えません。

マスコミは体育会系？

出版関係でも、リモート化が進んでいるところと出社が必要なところにわかれているようです。

先日仕事でご一緒した女性誌の編集者は「家で完全版下を作ってデータ入稿しています。紙で入稿している他の出版社はそれぞれの家をバイク便が飛び回ったりして大変だと聞きますが……」と余裕を漂わせていました。

通勤時間が節約できて、凝ったレシピを投稿したり生活に余裕が生まれたとのこと。他の編集部の人に聞いたら、「取材に行きたくても相手（芸能事務所）から飛沫が心配だと言われて、だいたいリモートでインタビューしています」とのことで、出社数も週数回になっているそうです。

昔からの慣習を守っている媒体では、「Web取材？　実際会わないとダメ」という指令が出されがちです。お互いマスクして距離を保てばたぶん大丈夫だと思いますが……。

ただ、あるカメラマンさんは「うちの会社は、もしコロナに感染したら絶対誰にも言わず、自力で治すように言われてます。もし社内で一人でも出たらオフィスが閉鎖になってしまうので……」と恐ろしいことをおっしゃっていました。

マスコミには体育会系っぽい空気のところもあるようです。日本人は人に迷惑をかけることを極度に恐れる民族……それが回り回って、迷惑行為をする人への糾弾へとつながっていくのでしょう。感染者数をただ数字として恐れたり忌避するのではなく、感染した人への思いやりの心を忘れないでいたいです。

リモートでの第一印象が仕事につながる？

私自身はというと、もともと仕事的に下請けなので実際に会わずに進めるリモートワークには慣れているつもりでした。ただ、ここまで人に会わないことになるとは……。

例えば識者や著名人へのインタビューは、やはり飛沫を浴びせたら申し訳ないのでＺｏｏｍや電話で行うことになりました。家のWi-Fiが不安定なため、音声がうまく届かず相手方を待たせてしまう失態も……。相手のパソコンの具合で音声が聞こえなくて、いくつか動画通信サービスを変えたりしていたら20分くらいロスしてしまったこともありました。

そしてオンラインでの取材の難点は、話すタイミングがかぶってしまうこと。実際会っていたら日本人特有の空気を読む能力によって、発話のタイミングが調整されるのですが、オンラインだとさすがに話し出す気配まで察することができません。

同じタイミングになったり、話を奪い合う形になってしまったり、識者の先生の話を遮ってしまって反省することも多々ありました。心理学的には同じタイミングで話す人とは気が合う説があるようですが、話の腰を折ってしまった上に、自分の声で相手の話が聞こえなくなるので何とか避けたいです。

また、最近は「リモート映え」「Ｚｏｏｍ映え」も言われていますが、画面の何分の一かに常に自分の顔が映っているのが落ち着かないです。とくに何も考えないでそのままオンラインに出ると自分の顔がくすんでいたりアラが目立って、気になって仕事に集中できなくなってしまいます。メイクや服の色、照明などに気を使った方が良いようです。

白い壁が背景だと自分の顔色が暗く見えるので背後に奥行きがある方が良いとか、カメラの位置は目線より高めが良いとか、テレビの特集で技が紹介されていました。メイクでは、眉とアイラインはしっかりめで、リップも濃くすると顔がくっきりして見えるそうです。リモートでの第一印象がその後の仕事の発展につながるのだとしたら気をつけたいです。

リモートワークでのマナーとは？

リモートワークでのマナー、というのも最近できつつあるようです。服装はスーツとネクタイを着用し、画面越しであっても相手の目をしっかり見て話す。そして、会議が終わっても目上の人がログアウトするまで出ない、という風習も生まれているとか。

現代人は何かとすぐルールを作ってしまうのが面倒です。目上ではないにしろ、私が一番年上というパターンでも、先にログアウトされまくりでした。ただ一番先にログアウトすると、悪口を言われないかという心配が……。

目指すべきは「リモ充」？

こんな生活様式はいったいいつまで続くのでしょう。リモート化で人と会わなくなっただけでなく、出張などがなくなり仕事量自体減ってしまいましたが、周りの友人知人の話を聞くと、それをポジティブに捉えている人も多いです。

フリーで働いている友人は、「楽しくてしょうがない。家に一人でいるだけなのにハッピーです。糠床を始めたり公園で運動したり健康になりました」と話していました。

編集者の友人も、自宅の水回りを磨いたり料理をしたりして生活力を高めているようでした。

会社経営者の女性に「もとの働き方に戻れると思います？」と聞いたら「戻らないし、戻るべきじゃない。これを機に生き方を変えていかないと意味ないですよね」という答えに共感しました。

日本人は今まで働きすぎていたので、コロナで暇になったぶん、自分や地球をケアする時間を作ることで平和な世の中になっていくと良いのですが……。空いた時間に、リモートで受けられる講座に申し込みました（給付金ぶんの費用で）。

しばらくリモ充を目指して自分を高めていきたいです。

このたびの教訓

慣れないリモートワークもポジティブに使えばリモ充になれます。

リモートでの取材は
難しいです
回線が不安定に
なったり……
すいません
Wi-Fiが
……
もしもし～
話すタイミングが
かぶったり……
あの、先生は
れからの
時代……
逆に良かったことは……
☆リモート取材を重ねていたらちょっと
声が大きくなった
食生活は
どんな感じ
ですか!?
朝はバナナです
☆リモート飲み会中、画面の
下でメモを取ってもバレない
リモートワークで何か
変化しました?
この感覚に
慣れたら、リアル
で会えるように
なった時挙動不審
になりそうです

マスク・ストレス

マスク着用は、あと何年？

これから人類は、いつまでマスクを着け続けないとならないのでしょう……？

とくに夏は気温的に厳しいですが、この先、感染症との闘いが何年続くかわからず、先が思いやられます。医者に取材した人が、「聞いた話ですが、あと50～60年はマスクし続けないとならないそうですよ」と教えてくれて、気が遠くなりました。

（２０２０年）２月頃からマスクを着けはじめ、今では仕事相手の方もほとんどマスクです。

最初は、打ち合わせや取材などで、ずっとマスクを外さないままの方々の表情がわからなくて戸惑いがありました。相手が好意的なのか、反感を抱いているのか、今までしゃべっている時の口元で判断していたのかもしれません。

また、街の良識人的なおばさまやおじさまが向こうから歩いてきて、マスク姿でこちらを見られるだけで、何か非難されているような気持ちになったり……。良識者のまなざしへの潜在的な恐怖心が浮上してきます。

マスク警察？

最初は違和感があったのが、だんだん観念して新しい生活様式としてマスクを受け入れる気持ちになってきました。ただ、マスク価値観の違いでいさかいが起きることも。マスクを着ける着けないで彼と大喧嘩したという人の話も聞きました。

私も、苦しくてつい鼻だけ出すことが多く、そのことを注意されるとイラッとしてしまいます。命に関わる問題なので、苦しい時はマスク外呼吸の自由を認めてほしいです。

マスクは熱中症のリスクがあるだけでなく、マスク内で二酸化炭素濃度が濃くなることによる「高炭酸ガス血症」の危険もあるそうです。呼気の二酸化炭素をマスク内で吸っていると、血中二酸化炭素濃度が高くなり重症化すると呼吸困難や昏睡、不整脈など……。自分の吐いた息で自分がやられるとは切ないです。知人の友人がそんなに暑くない日にマスクでジョギングしていたら倒れてＩＣＵに入ったというのは、この症状でしょうか。

屋外だったり周りに人がいなければぜひマスクを外したいですが、最近はマスク警察がいるそうなので油断できません。それを助長しているのは、情報番組で街の様子を映して「マスクをしていない人もいます！」とか言っているマスコミなのだと思いますが……。

いまより5倍の表現力が必要？

マスク価値観の違いによる人間関係のいざこざ以外に、大きなデメリットはやはり相手の感情がわかりづらいことです。学校を取材した時、先生が、退屈しているのか興味を感じているのか、生徒の反応がわからない、と悩ましい心情を吐露されていました。むしろオンライン授業の方がマスクなしで顔の表情が見えます。

先日「とくダネ！」で、マスクをしたままで感情表現がどのくらい伝わるか、という興味深い実験をしていました。喜んでいる表情をしたつもりの男性が、友人に困惑の表情と受け取られたり、悲しみを表現したつもりの若い女性が、女友達に怒りや困惑の表情と受け取られていました。

若い女性は、マスクで感情が伝えにくいので、せめて前髪を薄くして眉毛の動きを伝えやすくしている、と臨機応変に対処していました。ただ、マスクをしていてどうせ見えないから笑わなくなった、というコメントも……。

しかし、口元だけでも笑えば目も笑っている感じになります。専門家の先生は、マスクを着けている時は、５倍の表現力が必要だと語っていました。上の歯が８本見えるくらい歯を見せて笑うと、マスクをしていても笑顔が伝わるそうです。声を１～２トーン上げてゆったりしたテンポで話し、ジャスチャーをつけるといった感情表現がおすすめだとか。

飛沫感染の観点で、ついに声が小さい人間（飛沫が少ない）の時代が到来したと思っていたら、ジャスチャーやマスク下のエモーショナルな感情表現が必要という、前よりもハードルが高くなった感があります。

マスク・ストレスの反動？

そして最近感じているのは、マスクのストレスの反動です。息苦しさやコミュニケーションの不完全燃焼感を日々抱えているわけですが、マスクで抑圧されているぶん、外した時に噴出するものが……。

例えば、新幹線で出張帰りのビジネスマン４人が席を回転させマスクを外して宴会を始め、大声で盛り上がって、同じ車両で感染の危険を感じたという目撃報告も。

久しぶりの会食や飲み会でヒートアップする率が高くなっているのを感じます。先日も会食で「人間の意味とは？」というテーマで目の前で激しい論戦が繰り広げられていました。一番大声で話している人の前の大皿にある料理は取らない、ということでさりげなく自衛。

また、別の日にはお好み焼きの店でななめの席の男女のグループのおじさんが、酔って見苦しい感じになっていました。鉄板の上に飲み物をこぼしたり、脇をかいて匂いをかいだり、ゲップを連発したり、「明太子チーズ明太子」とわけのわからないオーダーをしてキャンセルしたり……。

さらに本当かどうか「君のことをプロデュースしたいな。オレは売れる曲しか書けないから。マックス松浦に連絡するよ」「宇多田ヒカルと親しくてこの前も電話したら周りの奴らに驚かれた」「ガッキーがうちの会社に来た」とか大声で喧伝していました。チラッと見たらドランクドラゴン塚地似のおじさんで業界人オーラはなく……。

同席の若い男女はスルーしていましたが、お酒で妄言が出ていたのでしょうか。これも日頃マスクをし続けているフラストレーションのせいかもしれません。

会話にえげつなさが増している？

他人事ではなく、マスクが習慣になってから、友人との集まりで会話のえげつなさが増しているように思います。普段清潔を強いられているので、背徳感や不潔なもの、猥雑さに惹かれるようになっているのでしょうか。

先日も、美大の友人数人とホテルのラウンジで打ち合わせがてらお茶していたら、そのうちの１人の女性が霊能者にアドバイスされた話で盛り上がりました。なんと男性霊能者に「あなたの運命の相手は、陰毛がすごい濃くて毎日石鹸で洗うことに苦悩している男性です。あなたのあそこの周波数と彼のあそこの周波数が引き寄せ合っています」と言われたそうで……。しかも実際は陰毛ではなく別のあられもない表現でした。

自然と大きな声になって、陰毛の話を連発していたら近くのマスク姿で打ち合わせ中のスーツ男性たちがチラッと見てきたり、店員さんの迷惑そうな視線を感じました。途中からマスクを着けましたが遅かったようです。自戒の念を込めつつ、今後も、マスクの影響について見守っていきたいです。

マスクがきっかけで人類は進化する？

反対にマスクをしていて良いことは何があるのでしょう。匿名性を保てるので、今、謝罪会見をする人はちょっと得かもしれません。そして、皆、目しか見えていないので、美醜でジャッジしなくなる、というのは良いことに入るでしょうか（イケメンの全顔を拝めないのは淋しいですが）。

顔の中で唯一見えている目の輝き具合で、人の信頼度や意欲を測ることができます。作り笑顔で目が笑っていなかった人はバレてしまいます。反対に、目で笑っている人のオープンマインドな表情に癒されます。

コロナ禍の人類は、人の目から性格や心理を読み取る、という能力がアップしそうです。また、声のトーンで感情を察知したり……耳も鋭敏になっている気がします。顔の下半身が見えていないことで、新たな洞察力やスキルを得られることを期待します。

後世の人に、あの時人類はマスクがきっかけで進化した、と思われるように精進したいです。

このたびの教訓

マスクを外した時も、節度を失わないことを心がける。

仕事ではマスクで会ってマスクで解散というケースが多いです
お疲れ様です
ちょっと淋しいけど……
一方でマスクを外すのは……
セール行ったて～
友人とのお茶
気の置けない人々との会合
マスクを外す行為は犬がお腹を見せるような……心を許している証です
プロデュースするよ
オレにはそういう力があるから
とはいえマスクの解放感で理性や品格を失わないようにしたいです

パーティ文化の終わり

飲み会がなくなった今

人との交流の機会がどんどん失われていく昨今。夜の会食は、ここ数ヶ月で1回のみ。「会食クラスター」という言葉が出始めて、怖くなって遠ざかりました。

それ以前に誘いもなくなっていたのが現実です。たまに集まる友人からは、「フェイスシールドを人数分買っておくね」という連絡があったきり、音信が途絶えています。

コロナ以前はたまに飲み会の誘いをいただいていましたが、お酒の席が苦手なので、だいたい飲み会の後半はどのタイミングで帰ろうか、ということばかり考えていました。飲み会から早く帰る方法（荷物を少しずつ入口近くに移動させる、とか、生ものを持ち歩いているのを理由に帰宅する、など）まで考案し、社交的な人に呆れられたり……。

でも、飲み会がほぼなくなった今思うと、貴重で有限な社交の時間だったと思います。

誘われるうちが花だった？

先日、大阪府が４人以上の宴会自粛を呼びかけていたのが話題になりました。ということは定員４人までになり、たまに５人くらいで友達と集まっていたので、たぶん１人切られるとしたら私かな……なんて淋しく考えたりしています。

毎日会食が入っていたというファッション関係の著名人の女性は「今までのスケジュールがおかしかった。一日４件くらい予定があったことも……」と半年前までの生活を振り返っていました。

「いつも何を諦めて何を選ぶのかを考えてた。一日２件パーティがある時もあって。イベントや会食の合間に仕事して。会食では『あーこれおいしい』とか不毛な会話をして疲れてた。でも今は夜の会食があっても月１～２回だし、すごい良い感じで生活してる」

という話を聞いて、月１～２回でもあるのがちょっと羨ましくも感じましたが、会食や飲み会は、もしかしたら多くの人が同調圧力で参加していたのかもしれないとも思いました。みんなが行くから行かなければならないと、欠席したら何を言われるかわからない、と……。

そんな乗り気じゃない会合も、誘われるうちが花でした。平和だった世の中を遠い目で思い起こしています。

他にも、本書で触れた風習で、「女子会」「花見」「パーティ」などが激減しているという状況です。

パーティが消えた……

なくなった社交の場のうち、想像以上に淋しかったのが「パーティ」の風習。

週に1回ほどはファッション関係やコスメ関係のパーティ、新しくオープンするお店のレセプション、アートの展示オープニングなどのイベントがあった記憶です。

ニューオープンや新発売のコンテンツが持つポジティブなエネルギーを吸収したくて、わりと積極的に参加していました。ふらっと行って、知人に軽く挨拶して、無料のシャンパンなどを飲んで、おしゃれ音楽を聴いて帰る……ただそれだけですが、家にこもって仕事している身にとっては刺激と興奮が得られ、エネルギーの注入になっていた気がします。

もちろん楽しいことばかりではなく、セレブなフォトグラファーの知人に何度か呼びかけたのにスルーされたこと、すれ違った女性の服にシャンパンを少しこぼしてしまい数人の友人を連れてこられて囲まれて責められたこと、セレブ雑誌の編集者の知人に「なんでここにいるの？」と軽くディスられたこと、モデルの知人がメンズに囲まれていてとても話しかけられなかったこと、全然仲良くない人たちと一瞬集まってＳＮＳ用の記念写真を撮ったことなどが、走馬灯のようによぎります。

パーティでの薄ら苦い思い出も今となっては懐かしいです。パーティでしか会わない人たちもいて、例えば「日本のレッドカーペットを仕切っている」とか公言していたあやしい業界人風男性や、どのパーティでも見かけたアパレルのお店をやっている女性など。彼らは今、元気なのでしょうか……。

そして何より、インフルエンサーの方々はどうしているのか気になります。パーティ用にブランドの服をもらえたり、参加するだけで高額のギャラを授受していたという噂を聞きます。

しかし、今や大々的にパーティを行っていると知れたら、企業側も批判されてしまいます。企業がインフルエンサーを使うにしても、直接商品を送ることしかできなさそうです。パーティという稼ぎの場が減ってしまって、インフルエンサーの生活は成り立っているのか老婆心ながら心配してしまいます。

軽い衝撃

パーティでたまに遭遇していた、パーティフォトを撮影しているカメラマンの男性に「最近全然パーティないですよね」と言ったら、「そうですね。仕事もなくなりましたが、僕はあと数ヶ月は何もしなくても貯金だけで生きていけそうです」という話を聞いたのが、たしか（2020年の）4月頃でした。

そして7月頃、仕事で会ったそのカメラマンさんに「パーティまだないですよね」と聞いたら「ありますよ、最近」と、さらっと言われて軽い衝撃が走りました。

「それは……闇パーティですか?」

「いえ、ブランドが人数をしぼってパーティをやってます」

「えっ本当ですか」

それ、呼ばれてないいんですけど……。

「じゃあ、またどこかのパーティで」

「……」

新しい生活様式では、宴会でもパーティでも人を厳選することになっていくようです。選ばれる自信がないので、自分なりにパーティを疑似体験していきたいです。

ある時、丸ビルのおしゃれなレストランで女性たちが数人立っているのが見えて、もしかしてパーティが？　と近付いたら、ただレジで支払う人の列でした。

ずっとパーティに行っていないから禁断症状でパーティと錯覚してしまったようです。音楽がかかっている洋服屋で一人買い物している時や、音楽を聴きながら電車に乗っている時など、パーティの10分の１くらいのテンションを得られることがわかりました。小さなパーティ感を積み重ねることでパーティ欲を満たすことができます。

取り戻したい、自然とのつながり

そして先日、仕事で久しぶりに出張し、自然の中で川や森を近くに感じることがありました。パーティやイベントがなくなっても、自然に目を向ければもっと壮大な森羅万象が繰り広げられている、そんなシンプルなことに気付かされました。

ＤＪのかける人工的な音楽も良いけれど、今は川の流れや鳥のさえずりなどの自然音に癒され、慰められたいです。

人間はもっと自然と交流すべきだったかもしれません。

太古の人々はもっと自然と共に生きて、交信していたのだと思います。人間との交流が減った今、自然とのつながりを取り戻したいです。

このたびの教訓

パーティがなくなって人とのつながりが減った代わりに、自然とつながることで心身が充電できる。

コロナでパーティがなくなって数ヶ月……
パーティ全然ないですよね
そうですね
仕事で会ったファッション関係の人に誰も行ってないことを確認し、ひそかに安心したり……
インスタでパーティやってないか検索してみよう
#パーティ
さすがに今やってるのは家族の誕生日パーティくらいか…
あっこの写真15人位で集まってる!・密です!
と、パーティ警察化
欲求不満や自分は損をしているという不公平感から"○○警察"は生まれるんですね…身を以て体感しました

番外編

人間不信になる前に

〝下エネルギー〟のかわし方

「どう、最近セックスは」

「どう、最近セックスは」

と、えげつない言葉を挨拶代わりに浴びせてくる業界人男性がいます。

パーティか何かの席でした。私はそれには答えずスルーすると「最近のMeTooって何ぁれ、嫌だよね」となぜか同意を求められたので「私にとってMeTooは○○さんですから」とその人に言って、その場を離れました。

一昔前は、こんな下ネタが苦笑されつつも受け入れられていましたが、時代は変わりコンプライアンス遵守な現代では、ハラスメント系は許されない風潮です。若い世代は下ネタを言ってくる人などほとんどいませんが、旧態おじさんの中にはあられもないことを言ってくる人がいて油断できません。

何も行為がなくても、言葉で汚されたという思いは、女性の心に根深く刻印されてしまいます。楽しい思い出はすぐ忘れても、卑猥な下ネタを言われた思い出は何十年も残っているのが不思議です。女性同士で下ネタトークをするぶんには楽しいのですが……。

下ネタだったり下心だったり、男性の下半身からくる下エネルギーをどのようにかわせば良いのでしょうか。

下ネタには下ネタで応戦

私が昔やっていたのは、下ネタには下ネタで応戦するという方法です。相手が女体についてトークしていたら、さらにもっとえげつない表現でかぶせていく……。

例えば乳首の話をしていたら乳輪について話したり、乱交の話題には獣姦の話でマウンティングしたり。そして男性が引いていく、という流れです。

自分の中のインナー中学生男子を呼び出すイメージです。20代~30代前半くらいまで、あられもなく下ネタを言っていましたが、さすがにいい大人になったのと、世の中の風潮に合わせて今は封印する方向に……。

スキを見せない

また、下エネルギーに対してはスキを見せない、というのはいうまでもなく重要なことです。そのような空気になると、私の場合、女教師モードになります。母が教師だったので、その遺伝子を呼び覚ましつつ、中高の女性教師の話し方を踏襲します。

誰にも思い出の中高の女性教師がいると思います。性を感じさせず、享楽的なこととは無縁そうな、まじめで地道で厳しい女性教師。その女教師のハキハキした喋り方で、下ネタや下心に対応するのです。

とにかくハキハキと「はい！　はい！」などとあいづちを打ったりすれば、まったりした下エネルギーをかき消せます。

冷静さをいかに保つか

冷静さで自分の身を守った友人の話もあります。

学生時代、女子寮で寝ていたら、恐ろしいことに暴行目的の男性が部屋に入ってきたそうです。しかし彼女は悲鳴を上げたりせず冷静に「外、寒かった？」などと話しかけ、しばらく普通に会話していたら、その男性はクールダウンしたのか部屋から出て行ったとか。

なかなかできない咄嗟《とっさ》の判断。怖がったり抵抗したりすると相手はますます興奮してしまうので、冷静さを保つことで危機から逃れることができました。自分だったら恐怖にかられてできないですが……。

聖女のオーラで封じる

下エネルギーと反対の聖エネルギーをまとうというのも有効です。常日頃から規則正しい生活をして、夜遊びはせず、飲酒も控え、音楽といえば聖歌や少年合唱団の天使の歌声を聴いたり、禁欲的に過ごします。

すると自ずと不可侵の結界のようなものができあがって、男性は性的な発言を自粛。聖女のオーラで下ネタを封じることができます。結界を張るだけなら、不動明王の真言など唱えても良いかもしれません。

父親の体調の話を出す

自分の父親の体調の話を出すと、男性の下エネルギーは沈静化することが多いです。

ある若い女性に、男性から密室での打ち合わせを度々要求され、飲み物にも何か混ぜられて異様な眠気になって怖かった、と相談されました。その仕事は引き受けたいけれど、今後も不必要な打ち合わせはしたくない、と。

彼女の父親が最近手術したり体調に不安があると聞いていたので、下心おじさんにその話を出して、父の容態が心配で度々打ち合わせはできないと言ってはどうかと助言。

実際そのようにしたら、相手は了承してくれたそうです。おじさんに対しておじさんの話を出すと、おじさん同士の連帯感があるのか、こちらの状況を理解してくれるようです。不穏な気配を感じたら、父親の健康不安の話題を出すのも有効です（父親がいなければ祖父や叔父、もしくは生前の話でも）。

かわし方のコツ

他にも、陰謀論の話題で男性の下心は萎える、とかいろいろ方法はありますが、先日カフェで隣の会話を聞いていたら、うまいかわし方のお姉さんがいました。

その女性は昔クラブのママで、かつてお客さんだった大企業の60代男性と久しぶりに会ってお茶を飲んでいるというシチュエーションだと推察。

今は起業して経済力がありそうな彼女は、40歳になり、子どもが欲しくて婚活に励んでいるそうです。

「もう結婚しなくていいから、子ども欲しいんです」

という女性に対しおじさんは、

「結婚しなくても良いんなら私も協力できますよ」

とねっとりした口調で提案。冗談を装いつつも、表情とトーンはガチでした。するとその女性は、

「まあそういう声もいろいろありつつ……」

とまとめて流していて、さすがと感じ入りました。

完全無視すると気まずくなってしまう。相手の発言を受け止めながら、多数の意見の一つとして、罪悪感を薄めつつ、さりげなくなかったことにするという……。

今後下ネタや変な下心を見せられた時、ぜひ使いたいと思いました。

そのあと話題は変わって、昔お店にいた女性が8つ下のバーテンと結婚したけど離婚した、という噂話に流れていき、おじさんの下心はうまい具合になかったことになりました。

こんなふうに学びつつ、下エネルギーへの対処ばかりうまくなっていき、ゲーム感覚でか

わしているうちに結構な年齢になってしまいました。
かわしすぎるのも問題で、かわさなくても良い相手を見極めるのが大事です……。

このたびの教訓

男性の下エネルギーはじかに受け止めず、臨機応変にかわす。

男性の下ネタのかわし方
潮吹きが……
えっ・何ですか!? もう1回言ってください
と聞き返すと……
何でもないです
とあきらめてくれます
こんな萎えさせるテクも
乱交といえば悪魔崇拝の儀式って知ってます?
あんなおぞましいことが……
ヤバいですね
イルミナティが……
陰謀論トークでたいていの男性は萎えて沈静化。陰謀の負のエネルギーで消耗し性欲減退……

管理組合のプレッシャー

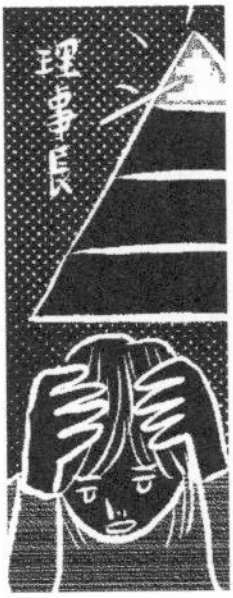

分譲マンションの落とし穴

権力や責任ある役職とは無縁に生きてまいりました。できればそのまま平穏に生きていきたいのですが、何年か一度に逃れられない役職がもたらされます。

世の、子育てしている方はＰＴＡなどで役員になられることがあるかと思います。大変だと伝え聞いていましたが、ＰＴＡとも無縁な人生に甘んじていました。

それでも世の中の面倒なことをすべてスルーするのは神様がお許しにならなかったようです。それは……マンションの管理組合役員です。

分譲マンションの落とし穴とも言うべき任務で、そういえば前のマンションの時も輪番制で理事になって何度か会議に出た覚えがあります（ほとんど言葉を発さず参加）。

今のマンションに移って、一度目に理事になったのは5～6年前。その時は役職のうち、会計というわりとライトな係になって、そこまで大変ではなかったのですが……。大規模修繕にも当たらず良かったです。ただ戸数が少なめなマンションなので、次にいつ回ってくるか、内心恐れておりました。

そして先日、ポストに入っている紙を見たら、次期の役員に選任されたとして自分の名前が載っていて、大げさですが血の気が引きました。次回のマンションの住人の集まりの前に役職を決めるとのことです。

どこのマンションもだいたい役職は同じだと思われますが、理事長と副理事長、会計、そして監事の４つが役員の内容です。

理事長は管理組合を代表し、理事会や総会では議長を担当したり、印鑑を保管したりと責任重大です。副理事長は、理事長に何か万一のことが起こったら代理として職務を行います。また防火管理者として資格を取るため2日間の講習に出て資格を取得しなければなりません。会計は、組合運営費の管理・保管など。監事は組合の業務の執行状況を監査します。

誰もが負担が軽い役職をやりたいというのが人の世の常。古いマンションでは古参の住人が自ら理事長をやりたがるケースもあると聞きますが……。

そんな奇特な人はなかなか周りにはいないそうです。マンションの役員は社会の縮図だとしても、その縮図の中ではヒエラルキーとは無縁に生きていきたいです。

私はできれば会計か監事をやりたいと思って会議に臨みました。こんなに緊張するのは久しぶりです（テレビやラジオの収録以上）。

じゃんけんで決めることに

管理会社の人からまず役職について説明がありました。「理事長は会社にたとえると社長みたいなものです」と、良さそうなことを言ってきましたが、その手には乗りません。「どなたか理事長をやってもいい方はいらっしゃいませんか？」。以前、理事長だったという男性が発言したので期待が高まりましたが「前回理事長だったので今回はできれば理事長はやりたくない」という意思表明でした。

ということで、じゃんけんで決めることに。「勝った人からやりたい役職を選んでください」と管理会社の人が最初言っていたのに、じゃんけん直前に「勝った人が理事長に」と突然ルール変更。この管理会社、ちょっと信用できないです。

そしてじゃんけんをしたら……なんと勝ち抜いてしまいました！　最初勝ったら好きな役職を選べるはずが、理事長に。ショックで崩れ落ちそうになりながら、声を振り絞って「ムリです！　私にはできません！　人前で話したりできないんです！」と叫びました。

会議に出席した人々の間に気まずい空気が流れます。別の住人の方が「断る権利はないんですか?」と助け舟を出してくださり、役員決めはマンションの長期修繕計画についての会議後に改めて行われることになりました。

その会議で「それでは次の議題は管理費の資金計画です」と大きな声で取り仕切る理事長の姿を見て、自分にはムリだという思いを新たにしました。もう引っ越しするしかないと思い詰めて、会議中はスマホで近くの中古マンションについて検索。

すると東京五輪前でマンションが値上がりしていて買った時よりも1・5倍以上高くなっており、とても引っ越せないことが判明。どうしたら良いか苦慮していました。しかし会議後役職決めの続きをする段になったら、さきほどの私の挙動不審ぶりを見てこの女に理事長を任せたらヤバい、と思ってくださったのか、自ら理事長になると申し出てくださった器の大きい男性が。

そして別の方が、最近暇なので防火管理者の資格を取りたいと志願してくださり、ありがたいことに会計におさまることになりました。心から安堵しましたが、次回は同様に逃れることはできなさそうなので、覚悟するか、引っ越すしかないかもしれません。

分譲マンションに住んでいる人には漏れなく訪れる理事会の試練。周りの人はどのように対処しているのか聞いたりしてみました。

とにかく無視したおす

友人の女性は選任されても一切答えず、会議にも出ないまま通しているそうです。仕事で忙しいのだと思いますが、忙しいのは皆同じと言われてしまいそうで、スルーし続けると他の住民の目が厳しくなってしまう危険も。

どうしても役員にすらなりたくない人の強硬手段です。理事長にだけはなりたくない人は役員決めの日だけ欠席するという手もあるかもしれません。いない人に理事長を押し付ける、という非情なケースはほとんどないと思われます。

精神的にムリだと言い張る

先日聞いたケースは「副理事長に選任された人が、防火管理者はマンションが火事になった時に責任を取らされるというのを聞いて『そのことを考えるとノイローゼになりそうです』と断ってきました」というもの。私が理事長はムリだと主張したケースに似ているかもしれません。周りに多少ヤバい人と思われても良いならできる強硬手段です。

親の介護など

知人の男性は、輪番制で役員が回ってきた時、ちょうど父親が入院していたのでそのことを伝えたら、その年は免除されたそうです。嘘までつくのは気が引けますが、本当に親の介護があったらそのことを伝えて情に訴えれば何とかなりそうです。

社会性が乏しい空気感を出す

今回の私の断り方も十分社会性が足りない感じでしたが、人は見た目に影響されるもの。知人の教授はマンションではないですが大学の中の役職につきたくないため、わざと金髪にしていると話していました。見た目を理事長のイメージからかけ離れたものにしていくのは一つの手です。役員決めの会議で、自然と貫禄が漂う男性に期待の視線が集まるので……(こういう時だけ男尊女卑を黙認)。

引っ越す

理事長になりかけて本気で引っ越しを考えましたが、世の中には本当に実行してしまった人も。キャリアウーマンの知人は、小規模のラグジュアリーなマンションに憧れて約10世帯のマンションに引っ越したら、すぐに役員が回ってくるのが地獄で、せっかくの高級マンションを売って引っ越してしまったそうです。究極の手段ですが経済力が必要です。

超大型マンションに移る

その引っ越し先として良さそうなのは超大型マンション。知人は６００戸ものマンションに住んでいて10年になりますが、一度も輪番制が来ないと言っていました。ただ何十年かに1回役員になった時の責任の重さがエグいですが……。

そのマンションでは理事長はやたら気合いを入れてパワポで資料を作ってきたりするそうです。人が増えると理事長もデキる人間アピールしたくなるのかもしれません。

賃貸にする

「分譲はそんなことあるんですか……キツいですね」と内向的な賃貸住人の知人に言われま

した。たしか賃貸にすれば、大家でもない限り役員にならされることはありません。分譲の役員の悩みが大きい人は、あとくされなく賃貸にしてしまっても良いのかもしれないと思いました。私もマンションを買うまでこんな任務があるとは知りませんでした……。

逃れる方法について考えてみましたが、最近の理事会は理事長などギャラ（些少ですが）をもらえる場合があるようです。仕事だと割り切れば何とか乗り切れるかもしれません。また普段接点がない人と会合するというのも少しは人生経験になります。人生にムダはないと思って、1年間、未熟者ですが会計を務めさせていただきました。

このたびの教訓

理事長になるくらいなら引っ越す、くらいのやばい気迫を漂わせれば逃れられる。

じゃんけんに勝って理事長になりかけた時、思い当たるふしがありました
ガーン
それは最近運気を高めるために吉方位に出かけたりしていたこと
TOKYO
理事長は一応「長」なので出世したことになるのかもしれません
理事長
こんなことで運を使う羽目に
理事長になりたくない人はあえて運気を下げる行為をすると良さそうです
凶方位へ行く
だらしない格好
フー
ため息や悪口
部屋を乱雑に
そしてついに下の役職に…！

人のＤＮＡを見て我がＤＮＡを直せ

遺伝子検査 ―― アメリカで人気のサービス

「遠くの親戚より近くの他人」と申しますが、親戚とは年々疎遠になってゆき、近くの他人もとより友人とも疎遠になりがちです。

唯一、メールをやりとりしている九州の叔父からは「皇室コメンテーターは大変な仕事ですが、がんばってください」とメールが来て、若干誤解があるようです。

そんな状況の中、一筋の光が……。

それは約6年ほど前に受けたアメリカの遺伝子検査です。

その検査「23andMe」はアメリカでは人気のサービスで、唾液を送るだけで、健康のリスクだったり先祖の歴史、ＤＮＡを共有している遠い親戚がわかります。

ちょうどテレビを観ていたら「奇跡体験！アンビリバボー」という番組で、遺伝子検査で家族の知られざるルーツがわかった、という映像が放映されていました。

アメリカ在住の女性が何の気なしに遺伝子検査をしたら、亡くなった両親がアイルランド系だと教えられていたのにユダヤ系の血が入っていることが発覚。さらに調べたらいとこの祖父と自分の父が病院で同じ日に生まれて取り違えられていたことがわかったそうです。

このように、事実がわかってすっきりするケースもあるいっぽうで、母親の浮気が判明したり、もやもやする事態も発生しているようです。

でも、「ニューヨーク・タイムズ」紙に「遺伝子検査サイトは新たなソーシャルネットワーク？」という記事が掲載されるほど、アメリカでは登録者数も増えて、交流も活発化しています。

サイト上で、ＤＮＡの親戚を一覧できるので、連絡を取り合ったり会って親睦を深めることもできます。

アゼルバイジャン人のセクシー美女？

私がこの検査を受けたのは女性週刊誌の仕事がきっかけで、病気のリスクなど健康面を調べるのが目的でした。

さすがアメリカは遺伝子研究が進んでいて、病名もやたら細かく出てきます。リスクが高いのは心房細動（不整脈の一種）、アルツハイマーリスクのApoE-ε4遺伝子を持っていて、通風のリスクも平均より高い、など書かれていて、潜在意識に刷り込まれそうです。健康のページはあまりに怖くてクリックできなくなりました（最近はここまでリスクが表示されないようになっているようです）。

そのかわりについ見てしまうのは先祖や「ＤＮＡファミリー」のページです。先祖から伝わる遺伝子（ハプロタイプM7c）や来歴（幻の大陸スンダランドから移住）について思いを馳せることで、先祖供養になればと思っています。

そして、年々数が増えていっているのが「DNA Relatives」、何らかのＤＮＡを共有している遠い親戚の数です。それだけこの遺伝子検査を受ける人が増加しているということでしょう（海外に唾液を送るというハードルがあってまだ日本人は少ないですが……）。

サイトの「DNA Relatives」のページをクリックすると、ずらっと遠い親戚の名前リストが並びます。私の場合、ＤＮＡシェア度が多くて、０・６２％、少なくて０・０１％ですが、登録者数が多いアメリカなら、これで生き別れのきょうだいとかが見つかったりするのでしょう。

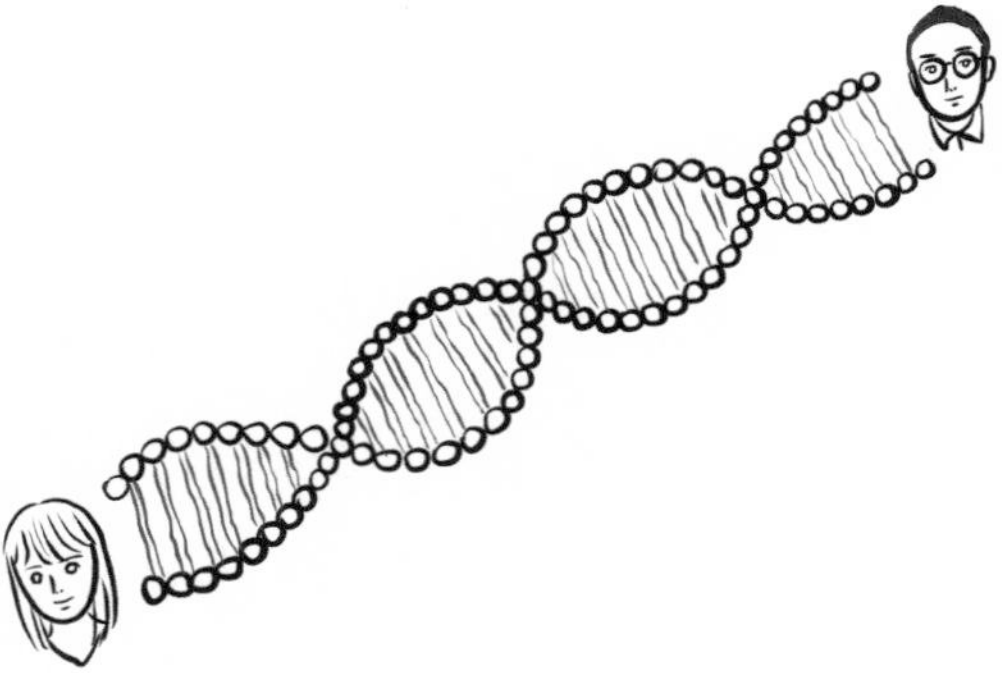

私の「DNA Relatives」は、近い親戚でひいひいひいおばあちゃんかおじいちゃんが同じ、というレベルです。不思議なことに遺伝子を共有している人は世界中に散らばっていて、モンゴル人の青年からアゼルバイジャン人のセクシー美女なんていうＤＮＡ親戚も。

　気付いたら、ＤＮＡ親戚の名前で検索することにハマっていました。顔写真を登録している人もいるので、名前で検索して職業を調べることもできます。ＤＮＡ親戚ができるだけすばらしい人物でいてほしい……と自分のことを棚に上げて期待してしまいます。

　例えば０・１８％ＤＮＡを共有しているＣさんの名前で検索したら、アリゾナの美人歯医者でテンションが上がりました。０・１９％共有の女性、Ｈさんはメキシコのエネルギー会社に勤務。そこそこ年収高そうです。意外だったのが０・１１％共有のテキサス州のいかついルックスのＫ氏。ナイフ職人として10年以上の経歴を持っているそうです。

クリエイティブ系のＤＮＡ親戚も何人か見つかりました。０・２７％共有している中国人の女性Ｃさんはニューヨークでクリエイティブプロデューサーとして活躍。サイトのクライアントの欄に、アディダス、ナショナルジオグラフィック、ロレアルなどと書かれていて景気良さそうです。ＤＮＡのつながりで仕事紹介してほしいです。

意識高い系のクリエイターは、サンフランシスコ在住の中国人女性、Ｔさん。０・２５％ＤＮＡを共有しています。彼女はフードデザイナーとして、地球環境や食の問題に取り組んでいます。０・３８％共有しているヒューストンの薬学博士（分子薬理学専門）もいました。きっと共通のご先祖様もお喜びでしょう。

ＤＮＡ親戚が炎上に加担していた！

いっぽうで、残念な親戚もいます。羽振りの良さそうな男性（０・０１％シェアなのでごくわずかですが……）がいたので、ちょっと成金っぽい雰囲気を感じながら、オフィスのサイトをクリック。するとエロ写真満載で、そういう系のカメラマンさんのようでした。

それもＤＮＡが元気ということなのでしょうか。

さらに０・２％共有のアメリカ人男性Ｋ氏のツイッターを見つけたので見てみたら、カニエ・ウェストをスラングでディスっていました。

ＤＮＡ親戚が炎上に加担していたとは軽くショックです。とか言って私も彼らに検索されてがっかりされているのかもしれません。人のＤＮＡを見て我がＤＮＡを直せ、いつ調べられてもいいように身辺をクリーンにしておかなければ……。

ＤＮＡ親戚にスルーされる

そして、６００人近いＤＮＡ親戚の中で今のところ最も共有度が高いのは０・６２％のＨ氏です。誇らしいことにハワイの心臓専門医でした。ＤＮＡ検査で心臓に不安要素があったので、わざわざハワイで診察を受けたいくらいです（そして莫大な医療費が……）。

「ＤＮＡのつながりの強さ」でソートするとリストの中で一番上に来るＨ氏は、もはや他人とは思えません。このサイトからはメッセージを送れるのでちょっと前にメールしてみました。

「こんにちは、私は日本に住んでいる女性です。久しぶりにこのサイトを見たら、あなたと先祖が同じかもしれないということを知りました。私は先祖について知りません。あなたは先祖についてご存じでしょうか？」

と、たどたどしい英語で送信したのが約半年前。

それから返事は……一切来ていません。なしのつぶてです。

ＤＮＡ親戚にスルーされてしまいました。裕福そうな親戚に、将来困ったらお金貸してほしい……という下心がバレているのでしょうか。

さすがＤＮＡを共有しているだけあってお見通しです。

このたびの教訓

遠い親戚のＤＮＡは遠くから応援し、先祖に心の中で感謝します。

DNA検査サイトでDNAを共有する人々を検索、有望そうな人をチェックしました
医師
クリエイティブプロデューサー
薬学博士
刃物職人
etc……
みんなががんばってくれてるからご先祖様のメンツも保たれるでしょうあとは任せました……
と、義務感から少し解放されました

人間にも使える宇宙人との交流術

もう地球人は信じられない……

ある年、人間不信になるようなできごとが多く発生しました。マネージャー志望のあやしげな人が何人か近付いてきて勝手にマージンを抜く契約書を作ってきたり、始まってもない架空の仕事の金銭の取り分の話をされたり、古い友人に仕事を依頼したら連絡が取れなくなってフェイドアウトされたり……。人徳がないのでしょうか。

もう地球人は信じられない、宇宙人に救いを求めたい、という思いが高まっていた昨今ですが、宇宙人とコミュニケーションするという講座があると知って、参加してまいりました。成田のホテルのホールと庭で開催された「ウィリアム・レーネンの宇宙人と宇宙船と遭遇するためのワークショップ」です。

レーネンさんはアメリカのサイキック（超能力者）で、シニア世代ですが口調が若々しく、各国を飛び回り、エネルギッシュに講演活動されています。

会場に高速バスで向かっていたら、夢の中で複数のＵＦＯが上空にいるビジョンが見えました。楽しみな気持ちが見せたのか、それともすでにコンタクトが始まっていたのでしょうか。

宇宙人と交流するための心得

１００人以上の人が集まったホールで、お昼頃からはじまったセミナー。レーネンさんが宇宙人と交流するための心得を話してくださいました。レーネンさんとテレパシー級に気心が知れたスタッフの男性が同時通訳します。

「宇宙人は怖いと思うと会えません。何か証明を求めているタイプの人も無視されがち。存在すると知っていればコミュニケーションしてくる。疑いを持たないこと。なぜ？　何でここに？　などと思考に走らないで。脳は皆さんを支配している。思考をオフにしてください」

テレビの収録などで宇宙船を呼ぶのは、証明を求めていることになって宇宙人的には気乗りしないのかもしれません。

「宇宙人に対して感謝を表現するのが大切です。でも、例えばじっと見つめると、宇宙人は脅威に感じるかもしれません」と、レーネンさん。

宇宙人と比べて野蛮な人間から凝視されるのは怖いことなのでしょうか。意外と繊細です。

「宇宙人は人間の中にいっぱいいます。例えばロングドレスの女性。なんでこんなに長い服を着ているのかと思ったことでしょう。地球人に紛れている宇宙人は、歩く時は足を使わないのです。少し浮かんで移動します。それをカモフラージュするために長い服を着ます」

このところロングスカートのブームが続いているので、宇宙人的には過ごしやすいのではないでしょうか。

宇宙人に嫌われるタイプ・好かれるタイプ

宇宙人に嫌われるタイプは以下のような人だそうです。

・お金がいっぱいあるから偉いと思ってる人
（宇宙人はシェアすることを大切にする）
・お金、支配、力で動く人

・上から目線の人
・宇宙船は怖い、攻撃してくると思い込んでいる人
・自分の人生を生きていない人
・シェアする感覚がない人

また、宇宙船を呼ぶ時は、人々が、同じエネルギーを発していることが重要だとレーネンさんはおっしゃいます。動物虐待している人や盗みをしている人が交じっていると宇宙船は来ないそうです。

宇宙人は人の本質を見抜いている印象です。「ＵＦＯ見たことがある」と言う人は、ブラックカードをひけらかす人よりも信用できそうです。

「彼らの惑星に勝ち負けはない。お互いがお互いをケアし合う。きれいな宇宙人もブスな宇宙人も平等な扱いを受けます。人間のように上下をつけません」

先日も男性タレントが、「ブスに人権はない」と発言して炎上しましたが、宇宙的な視点で見ると低レベルすぎる思考です。

反対に宇宙人に好かれる人は、

・人に役立つ仕事をしている人
・思考で考えたり損得勘定するのではなく、自分の能力を分かち合う人
・稼いだお金をシェアする人
・自立して魂の目的を生きている人
・小さく生きていない人

だそうです。結構ハードルが高いです。でも人間の人望も集めるタイプです。

宇宙人を招き、交流する方法についても教えが授けられました。フィーリングでコミュニケーションしてくるそうなので「言葉で念じるのではなく、イメージを作り出します。彼らを招くようなイメージを作るんです。言葉ではなく動画で招きます」と具体的なアドバイスが。

参加者にもアイディアを募ったところ、「白い光をイメージして両手を広げてハグするイメージ」が良いという話になりました。「ワクワクする感情を発する」のも効果的だそうです。ただ、手を振るイメージは、あっちに行け、とかその場にとどまれ、というサインと混

同されやすいとのこと。
「人間や動物に対して、フィーリングを送ってテレパシーの練習をしてみてください。誰かに愛を送る時にピンク色を送るのは効果的です。犬や猫は反応します。病人には薄いグリーン、癒しの色を送りましょう。筋肉痛には薄いブルーなど、色にはそれぞれエネルギーがあります」

まずは人間相手に研鑽を積む

宇宙人とのコミュニケーション術は人間にも応用できそうです。充実した話が聞けて満足し、また寒くなってきたので夕方で帰宅しました。しかし有志が残って7時以降、庭で宇宙船を呼んだら、次々現れたそうで……。サイトの体験談コーナーに「真上に複数の宇宙船が現れて光を放ってくれた。拍手をしたら答えてくれた」「細長い羽根のような宇宙船が現れて、嬉しくて歓喜のダンスを踊った」といった喜びの報告が！　冷え性に負けた自分が悔しいです……。

でも、その悔しさを反動に人間相手にテレパシーを試し、少しずつ成功しています。

例えば友人とカフェに行き、友人がメニューを迷っていたので、チーズケーキのイメージを送ってチーズケーキを頼ませたり。カフェで隣の席のカップルが、どこに国内旅行しようか話し合っていたので、おすすめの河口湖の宿のイメージを送ったら「どこだっけか、雑誌で見た、最近できた山梨のホテルがすごい良さそうだったけど名前が思い出せない……」と、惜しい感じでしたが、良いところまで伝わったり……。人間相手に研鑽を重ね、ハイレベルな宇宙人とのテレパシーができるようになりたいです。

このたびの教訓

宇宙人とも人間とも、フィーリングでコミュニケーションすれば話は早い。

宇宙人との交流がテーマのセミナー中、眠気に襲われて夢うつつ状態に……
その時、青い髪で白い上下の人が左にいるのを感じました
宇宙人？
また、別の日、寝る直前にこんな言葉が聞こえました
ファレンテレ
何!?
その体験をツイッターに書いたら、有識者の方からのご意見が！
「Farren」(乗り物に乗って行く)、「terre」(地球)なので、地球に行くという意味ではないかと。
何語か不明ですが宇宙人だったら嬉しいです
そんな体験を人に話すと……
最近宇宙人との交流が……
はあ
人間関係の断捨離になります☆

あとがき

人間関係についての思いや見解、もし少しでも共感していただけたのなら嬉しいです。現代人にとって最も重要な人間関係の悩みを話し合うことで、友人同士の絆も生まれます。数少ない友人とも、対人関係について語り合うことがあります。私の場合、仕事によって人間関係が変わって流動性があり、またメールでのコミュニケーションも多いのですが、毎日同じ同僚と顔を合わせる友人は大変そうです。

毎日日報を出せと言われたり、突然会議に呼び出されたり、連日の上司からの電話に悩んでいた友人は、上司のことを大好きだと自己洗脳したと語っていました。また、そんな上司にとりあえずいい気持ちになってもらうために、別の友人が「たまらないですね」「チャンピオンです」……「天才ですね」といった「たちつてと」のホメ言葉を伝授。会社づとめの友人たちの処世術が勉強になることが多いです。そんな友人たちとも、コロナ禍でリアルではなかなか会えなくなってしまいました。

人間関係のシチュエーションとして、パーティやお花見、異業種交流会、同窓会などを取り上げさせていただきましたが、今はほとんど開かれなくなってしまい、かつての風習の記録として、心に留めておきたいです（政治家は会食しまくっていますが……）。まったく飛沫に無頓着で、人と至近距離で交流していたあの頃。パーティや異業種交流会での黒歴史的なできごとも、今となっては思い出深いです。読み返しながら胸が熱くなります。人類がパンデミックを克服できた暁には、世界中でお祝いのパーティが開かれるのでしょうか。またそんな時代の変化も体験したいです。

占星術の世界でよく言われているように、「土の時代」から「風の時代」になり、価値観も大きく変化して、より個人が重視される時代を迎えています。未来の人間関係は、派閥思想を脱し、よりフレキシブルで、依存しない間柄になるのではないかと思っています。

この本の人間関係といえば、『大人のコミュニケーション術』に続き担当してくださった、光文社新書の小松現様、デザインを手がけてくださった熊谷智子様に心からお礼申し上げます。そして何より、本を通してコミュニケーションさせていただいている読者の皆様にも、心からの感謝を……。

お読みいただき本当にありがとうございました。

これからも何卒よろしくお願いいたします。

２０２１年５月吉日

辛酸なめ子

本書は、「本がすき。」（小社サイト、２０１８年９月～２０２０年８月）で連載された同タイトルの内容を再編集して一冊にまとめたものです。

本文デザイン　熊谷智子
本文イラスト　著者

辛酸なめ子（しんさんなめこ）

1974年、東京都生まれ、埼玉県育ち。漫画家、コラムニスト。女子学院中学校・高等学校を経て、武蔵野美術大学短期大学部デザイン科グラフィックデザイン専攻卒業。恋愛からアイドル・スピリチュアルまで幅広く執筆。著書に『大人のコミュニケーション術』（光文社新書）、『女子校育ち』（ちくまプリマー新書）、『辛酸なめ子と寺井広樹の「あの世の歩き方」』（マキノ出版）、『女子校礼讃』（中公新書ラクレ）、『無心セラピー』（双葉社）、『電車のおじさん』（小学館）など多数。

新《しん》・人間関係《にんげんかんけい》のルール

2021年6月30日初版1刷発行

著　者 ── 辛酸なめ子
発行者 ── 田邊浩司
装　幀 ── アラン・チャン
印刷所 ── 堀内印刷
製本所 ── ナショナル製本
発行所 ── 株式会社光文社
東京都文京区音羽1-16-6(〒112-8011)
https://www.kobunsha.com/
電　話 ── 編集部03(5395)8289 書籍販売部03(5395)8116
業務部03(5395)8125
メール ── sinsyo@kobunsha.com

ISBN 978-4-334-04544-9

1137
ジェンダーで見るヒットドラマ
韓国、アメリカ、欧州、日本
治部れんげ

「愛の不時着」はなぜヒットした？　「半沢直樹」がウケる日本はヤバイ!?　ジェンダー視点でドラマを見れば世界のいまも見えてくる。業界随一のジャーナリストによる新ドラマ論。

978-4-334-04545-6

1138
夢中になる　東大世界史
15の良問に学ぶ世界の成り立ち
福村国春

約40年分の過去問から、選りすぐりの15問で振り返る国際社会の歩み——。暗記しただけでは解けない、歴史の本質を突く問題を紐解けば、覚えただけの歴史が教養に変わる！

978-4-334-04546-3

1139
ディズニーとチャップリン
エンタメビジネスを生んだ巨人
大野裕之

ディズニーは、キャラクターの創作とストーリーの大切さ、権利の保持や配給会社との条件交渉などをチャップリンから学んだ。——固い友情と離別、知られざる二人の師弟関係。

978-4-334-04547-0

1140
スポーツとしての相撲論
力士の体重はなぜ30キロ増えたのか
西尾克洋

「決まり手」「体格」「怪我」「指導」「学歴」「国際化」「人気低迷」。7つのキーワードから見えてくる、伝統と進化のはざまで揺れ動く大相撲の現在。幕内全力士の解説付き！

978-4-334-04548-7

1141
糖尿病の真実
なぜ患者は増え続けるのか
水野雅登

「インスリンは一生のお付き合い」「糖尿病は不治の病」は本当なのか。脱インスリン率１００％の実績を持つ著者が、実際の治療例を紹介しつつ、現在の糖尿病治療の実情と問題点を解説。

978-4-334-04549-4